KB049943

사람 중심으로 만들어 가야 할

4차 산업혁명

초판 1쇄 인쇄일 2017년 10월 01일
초판 1쇄 발행일 2017년 10월 09일

지 은 이 박찬홍 · 배종민 · 우광식 · 정연돈
펴 낸 이 양옥매
책임편집 육성수
디 자 인 송다희
교　　정 조준경

펴낸곳 도서출판 책과나무
출판등록 제2012-000376
주소 서울특별시 마포구 월드컵북로 44길 37 천지빌딩 3층
대표전화 02.372.1537　**팩스** 02.372.1538
이메일 booknamu2007@naver.com
홈페이지 www.booknamu.com
ISBN 979-11-5776-475-4(03300)

이 도서의 국립중앙도서관 출판시도서목록(CIP)은 서지정보유통지원 시스템 홈페이지(http://seoji.nl.go.kr)와 국가자료공동목록시스템(http://www.nl.go.kr/kolisnet)에서 이용하실 수 있습니다.
(CIP제어번호 : CIP2017024752)

사람 중심으로 만들어 가야 할

4차 산업혁명

박찬홍 · 배종민 · 우광식 · 정연돈 지음

THE FOURTH
INDUSTRIAL
REVOLUTION

책과나무

추천사

박재갑

국립암센터 초대, 2대 원장/국립중앙의료원 초대원장/
경동대학교 명예총장

그동안 4차 산업혁명에 대해서 많은 책이 나왔지만 대부분 기술, 정보에 대한 내용이 주를 이루었다. 이 책은 이러한 기술발전이 지구와 인간에 미치는 영향과 대책에 대하여 각 분야의 전문가가 분야별로 제시하고 있다. 한국을 중심으로 제시하고 있는 좋은 시도라 하지 않을 수 없다.
사람을 중심으로 이루어지는 4차 산업혁명, 지구 공동체의 행복을 지향하는 지속가능성이 그 어느 때보다 절실하게 필요하다.
앞으로 더욱 많은 시도와 대응이 각 분야에서 이루어져 한국의 실제적인 발전에 도움이 되고 인류와 지구의 번영에 기여하기를 기대한다.

곽수근

서울대 경영학과 교수/전 한국경영학회 회장/

전 금융감독자문위원회 자문위원장

세계의 급속한 변화는 상상을 초월하고 있다. 초지능, 초연결 사회는 지구를 하나로 묶어가고 있다. 1980년 미국의 미래학자면서 문명비평가인 앨빈 토플러가 주창한 제3의 물결을 이은 제4의 물결이라 하지 않을 수 없다.

4차 산업혁명에 따른 급격한 사회변화, 그 속에 필요한 인재상과 앞으로 풀어 나가야 할 방향에 대하여 잘 정리한 내용에 대하여 학자로서 많은 자극을 받았다.

지속적인 연구와 실제적인 적용으로 우리 나름의 4차 산업혁명, 새로운 모델의 4차 산업혁명으로 국민의 행복을 추구하는데 큰 도움이 되리라 보며 일독을 권한다.

프롤로그

2016년 3월 세계는 인공지능 알파고와 바둑 세계 최고수의 이세돌 9단과의 대결을 바라보고 있었다. 당시 바둑계의 전문가들은 이세돌의 승리를 예상했다. 그 이유는 바둑이라는 스포츠가 경우의 수가 너무 많기 때문에 인공지능이 배울 수 있는 기보에는 한계가 있다는 것이었다. 하지만 결과는 5번의 대결에서 4승 1패로 알파고가 승리하였다. 당연히 이세돌이 승리할 것으로 믿었던 사람들에게는 충격을 주었고, 일부 사람들은 "인공지능이 인간을 지배하게 되면 어떻게 하지?"라는 불안감을 가지게 되었다.

알파고의 승리와 함께 '제4차 산업혁명'이라는 용어가 우리 사회에 등장하기 시작하였고, 지금은 정치, 경제, 교육, 문화 등 거의 모든 분야에서 제4차 산업혁명을 언급하고 있다. "제4차 산업혁명과 OOO의 미래"라는 제목의 세미나와 토론회는 어디를 가던지 볼 수 있다. 제4차 산업혁명의 무엇이 이토록 한국 사회를 들끓게 만들고 있는가?

제4차 산업혁명은 한마디로 생산성 혁명이다. 제조업 분야와 서비스

분야에서 인공지능과 인터넷 기술을 접합하여 생산력이 극대화된다는 것이다. 온라인으로 통제되는 공장에서는 개별 소비자의 욕구를 만족시키는 맞춤형 생산이 가능해질 것이며, 온라인으로 연결된 병원에서는 보다 많은 환자들을 정확한 진단으로 치료할 수 있게 된다. 제4차 산업혁명의 생산성 증가는 기존 인터넷 혁명의 영향력을 넘어설 것으로 예측된다. 기존의 인터넷 혁명은 전자상거래나 게임과 같은 소매업 및 소비자 서비스에 국한되었지만, 제4차 산업혁명은 전체 산업계의 생산성을 극대화하기 때문이다.

이러한 생산성의 변화가 인류에게 약이 될지, 독이 될지는 아직 알 수 없다. 하지만 지금까지 인류는 다른 동물과는 달리 변화에 대하여 예측하고 어느 정도 대비를 해 왔다. 지금까지의 역사는 생산성의 변화가 인간의 삶 전반에 영향을 끼쳐 왔음을 알려 주고 있다. 이 책은 제4차 산업혁명이 산업계의 변화뿐만 아니라 인간의 삶 전반에 미치는 영향에 대하여 예측해 보고, 사회, 인재상, 환경 등 다양한 방면에서 문제점들을 제기하고자 한다.

시대에 따라서 그 시대가 요구하는 사회 모습이 있고, 인재상이 있다. 그에 따라 교육개혁과 사회개혁, 제도개혁 등이 이루어진다. 많은 책과 언론 등에서 제4차 산업혁명에 관하여 언급하고 있지만, 대부분 기술 · 산업 분야에서의 대비책에 대해서만 이야기할 뿐 사회 전반과 그 안의 사람에 대한 언급은 별로 없다. 모든 기술과 산업은 결국 그것을 사용하는 사람을 위한 것이어야 한다. 따라서 이제 우리는 보다 본질적인 문제를 언급하면서 경제 · 산업 분야뿐만 아니라, 사회 · 문화적인 측면과 지속가능한 지구 측면에서의 제4차 산업혁명에 대하여 이야기하고자 한다.

이 책은 변화 속에서 인간이 나아가야 할 방향을 거시적인 측면에서 다루었다. 앞으로 정치, 사회, 교육, 환경, 문화적 측면에서 사람을 중심에 둔 더욱 많은 논의와 자세한 연구가 진행되길 바란다.

_ 2017년 9월 28일

박찬홍, 배종민, 우광식, 정연돈

THE FOURTH INDUSTRIAL REVOLUTION

4차 산업혁명

차례

chapter 3 **제4차** 산업혁명이 가져올 미래의 모습과 대응 방안

chapter 4 **제4차** 산업혁명 시대의 인재상

chapter 5 제4차 산업혁명과 지속가능한 지구

chapter 6 제4차 산업혁명 시대에서 인간의 역할

CHAPTER 1

제4차 산업혁명이 가져올 문제

아침 7시. 침대 머리맡에서 잔잔한 음악 소리가 울리면서 아침잠을 깨운다. 눈을 뜨면 손목에 차고 있는 팔찌와 연동된 벽면 모니터에서 "체온 정상, 맥박 정상, 건강 이상 없음"이라는 문구가 보인다. 부엌에는 이미 토스트 기기에서 빵이 구워져 있고, 냉장고로부터 우유가 부족하다는 신호를 받은 마트로부터 우유가 배달되어 있다. 아침을 가볍게 하고 현관을 나가면 자율주행자동차에 이미 시동이 걸려 있다. 차에 올라 안전벨트를 매니 자동차가 자동으로 운행을 시작한다. 정면 유리에는 내가 즐겨보는 아침 뉴스가 나오고 있다.

9시에 출근하여 컴퓨터를 켜니 오늘 나의 일정과 그에 필요한 자료 목록이 자동으로 뜬다. 자료 목록 중 하나를 터치하니 자료 내용이 모니터에 뜬다. '오늘은 10시 반에 A사와 외부에서 회의가 있군.' 해외나 지방에 있는 업체와의 회의나 일반적인 회의는 주로 화상 모니터를 통하여 이루어지지만, 고객과 중요한 결정을 해야 하는 중요한 회의는 직접 만나서 하는 경우도 있다.

9시 반에 회사에서 나와 차에 타니 회사 컴퓨터와 연동된 자동차가 미팅 장소로 자동 운행하며, 정면 유리에는 미팅에 숙지해야 할 주요 자료 내용이 나온다. 회의 장소로 가면서 주요 내용을 검토하는데, 한 가지 사안에 대하여 마땅한 대책이 떠오지 않는다. "데이터베이스"라는 버튼을 터치하니 그동안 우리 회사에서 같은 사안에 대하여 해결했던 방식들이 1안에서 3안까지 각 안을 선택했을 때의 성사 비율과 함께 나타난다. '이 경우에는 성공 확률이 높은 1안을 선택하는 것이 좋을 것 같군.' 무사히 회의를 마치고, 점심을 먹은 후에 회사에 도착하니 오후 2시가 되었다. 남은 업무를 보고 있으니 어느덧 퇴근 시간인

4시가 되었다. 회사에서 나와 최근 관심을 가지게 된 당구 동아리 모임에 참석한다. 회원들과 함께 2명씩 편을 갈라 시합을 벌인다. 안경에서는 다양한 방법과 함께 공을 쳐야 할 위치, 필요한 힘 등을 보여준다. 하지만 나는 아직 초보자라서 알려 주는 대로 잘 되지 않는다.

시합을 마친 후 가볍게 회원들과 저녁 식사와 함께 반주를 한잔하기로 했다. 소주를 3잔 정도 마시자 팔찌에서 나의 몸 상태와 알코올 농도를 측정하여 더 이상 마시면 좋지 않다는 신호를 보낸다. 전에 신호를 무시했다가 고생을 한 경험이 있어서 술을 그만 마시기로 한다.

9시쯤 집에 도착하여 홍채 인식을 통하여 문을 연다. 욕조에는 이미 따뜻한 물이 채워져 있다. 가볍게 반신욕을 하고 TV를 켜고 평상시에 내가 즐겨 보는 프로그램 목록을 선택한다. 이미 방영시간이 지났지만 방송국에서 프로그램이 끝나면 바로 재시청할 수 있도록 하여 아무 때나 시청할 수 있다. TV를 보다 보니 어느 덧 11시가 되어 침대에서 내가 자야 할 시간임을 알려준다. 리모컨으로 TV와 불을 끄니 자동으로 침대가 나의 취침에 알맞은 온도와 상태를 유지시킨다.

앞의 내용들은 영화에서나 나올 법한 이야기가 아니다. 10년 이내에 바뀔 우리의 미래 모습이다. 요즘 우리 사회에서 많이 언급되고 있는 제4차 산업혁명이 가져다줄 수 있는 미래의 모습 중 단편적인 예이다.

제4차 산업혁명은 사람들에게 위와 같은 편리함만 가져다줄 것인가? 많은 사람들과 언론들은 거의 매일 제4차 산업혁명에 대하여 언급하고 있다. 그 내용은 우려와 기대, 모두를 포함하고 있다. 제4차 산업혁명의 무엇이 이렇게 대국민적인 관심을 갖도록 하는 것일까?

01 왜 제4차 산업혁명이 오늘날 화두가 되고 있는가?

– 인공지능, 무선통신, 클라우드, 빅데이터 등과
 같은 기술 발전으로 인한 사회 다방면의 변화 이야기
– 독일, 미국, 일본, 중국 등 타국가들의
 제4차 산업혁명을 선도하기 위한 노력에 대한 대응 필요

불과 10여 년 전만 해도 지하철이나 버스에서는 많은 사람들이 신문이나 책을 읽고 있었다. 지하철역이나 버스 정류장 앞에는 일간지를 돌리는 사람들과 일간지를 판매하는 가판대가 있었다. 학생들은 두껍고 무거운 사전과 교과서들을 가방에 넣어 다니면서 등하교를 했다. 지금의 모습은 어떠한가?

스마트폰 하나만 있으면 예전에 대중교통에서 사람들이 찾고 보았던 모든 것들이 해결된다. 뉴스, 필요한 정보 검색, 독서, 친구와의 채팅 등이 스마트폰으로 이루어진다. 심지어 실내에 설치된 특별한 장비에서만 볼 수 있었던 동영상들도 스마트폰을 통해 아무 곳에서나 볼 수 있다. 2009년 말, 스마트폰이 보급되기 시작하면서 대중들에게 알려진지 10년

도 되지 않아 스마트폰은 마치 신체의 일부처럼 되어 버렸다. KT경제경영연구소에 따르면 2016년 3월 한국의 스마트폰 보급률은 91%에 이르렀다. 즉, 10명 중 9명이 스마트폰을 사용하고 있다는 것이다.

스마트폰의 등장과 무선통신기술(ICT)의 발전으로 개개인은 자신들이 원하는 정보를 쉽게 얻을 수 있게 되었고, 다양한 애플리케이션[1]을 통하여 엔터테인먼트 소비에서 개인 방송까지 할 수 있게 되었다. 스마트폰에 내장되어 있는 카메라를 사용하여 따로 카메라를 가지고 다니지 않아도 어디에서든지 쉽게 촬영도 가능해졌다. 여기에 클라우드[2] 기술의 발전은 개인이 했던 활동을 복사를 하지 않고도 스마트폰뿐만 아니라 다양한 단말기[3]에서 할 수 있게 만들었다. 산업적으로도 스마트폰의 보급으로 무선통신을 하기 위한 장비들이 곳곳에 설치되었고, 각종 단말기에 따르는 부수적인 아이템 시장이 확대되었다. 또한 애플리케이션 개발이라는 새로운 산업이 확대되고 있으며, 웹툰 · 웹드라마 등 스마트폰에서 소비할 수 있는 다양한 문화적 장르가 새롭게 등장하고 있다.

하지만 스마트폰의 보급은 소셜 네트워크 서비스(SNS)[4]의 발전을 가져옴으로써 사람들 간의 대화 감소, 개인주의 심화, 개인정보 보안, 전자파에 의한 건강 문제, 시력 약화, 목디스크 증가 등의 문제점들을 가져왔다. 또한 기술의 너무 빠른 발전으로 인하여 이에 적응하지 못해 기

1) PC나 스마트폰에서 특정한 업무 수행이나 사용자 편의를 위하여 개발된 응용 프로그램
2) 인터넷과 연결된 중앙 컴퓨터에 소프트웨어나 데이터를 저장함으로써 언제, 어디서든 자신의 데이터를 이용할 수 있도록 하는 것
3) 컴퓨터에 데이터를 입력하거나, 처리결과를 보여주는 장치로서 키보드와 스크린으로 구성
4) 트위터, 카카오스토리, 페이스북과 같이 웹상에서 인간관계를 형성 · 강화할 수 있도록 해주는 서비스

계를 배우기 위해 재교육이 필요한 사람들도 생겨나고 있다. 기술의 발전에 따라 항상 새롭게 등장하는 용어와 새로운 기술이 적용된 제품들의 사용법을 익히는 것만으로도 힘들 정도이다. 1990년대 이후에 태어난 디지털 세대와 이전의 아날로그 세대 간에 정보 얻는 방법, 정보의 활용, 생활 방식 면에서 큰 격차를 보이고 있다. 우리나라에서 스마트폰의 보급률에 비하여 실질적으로 스마트폰의 기능들을 제대로 활용하고 있는 아날로그 세대는 몇 %나 될까?

현재 정치 · 산업 · 학술 · 문화 등 다양한 분야에서 거의 매일 언급되고 있는 '제4차 산업혁명'은 이와 같은 단순한 기술의 발전만을 의미하지 않는다. 일반적으로 제4차 산업혁명은 "정보통신기술이 다양한 산업들과 결합하여 지금까지 인류가 경험하지 못한 새로운 형태의 제품과 서비스, 비즈니스를 만들어 내는 것"이라고 일컫어진다. 세계경제포럼은 제4차 산업혁명을 "제3차 산업혁명을 기반으로 한 디지털과 바이오산업, 물리학 등의 경계를 융합하는 기술혁명"이라고 설명한다. 이러한 관점에서 보면 제4차 산업혁명은 제3차 산업혁명의 연장선으로 볼 수도 있다. 하지만 제4차 산업혁명의 결과로 인하여 나타나는 사회적 변화는 엄청나게 많을 것이다.

최근 많이 언급되고 있는 사물인터넷(IoT)를 예로 들어 보자. 사물인터넷은 사물에 센서를 부착해 사람의 판단이 개입하지 않아도 사물끼리 실시간으로 데이터를 인터넷으로 주고받는 기술이나 환경을 말한다. 사물에 정보가 저장된 소형 칩을 부착하고 무선으로 데이터를 송수신하는 시스템인 RFID[1] 기술이 핵심기술이다. 가장 단순한 사물인터넷의 사례로는 고속도로 톨게이트를 통과할 때 하이패스 단말기와 톨게이트 단말기가 서로 알아서 통행료를 지불하는 방식이 있다. 카페나 할인마트에 들어갔을 때 소비자의 스마트폰으로 쿠폰을 제공해 주고, 빅데이터(Big Data)[2]를 통해 소비자별로 최적의 물건이나 메뉴를 추천해 주기도 한다. 더 나아가 사물에만 칩이 내장되는 것이 아니라 몸속에 넣는 칩도 개발된다. 이 칩만 있으면 개인의 신분에 관한 신상 정보뿐만 아니라 계좌 등 금융거래 정보, 유전자와 같은 생체 정보, 질환 및 진료 기록과 같은 의료 정보 등을 시스템에 연결된 사물들이나 사람들 모두가 확인할 수 있다.

또한 공유경제[3]에 대한 개념이 확산될 것으로 보인다. 숙박 공유 사이트인 에어비앤비(https://www.airbnb.co.kr/) 같은 시스템이 여러 분야에 적용될 것이다. 서울에 거주하는 사람이 한 달 동안 프랑스 파리를 여행한다고 해 보자. 서울의 집은 한 달 동안 비어 있으니 누군가에게 빌려줄 수 있다. 에어비앤비 사이트에 집을 내놓으면 일본에서 한국을 여행하는 사람이 일주일 혹은 열흘 동안 빌려서 사용할 수 있다. 파리로 여행 간 한국인은 말레이시아로 열흘간 여행을 간 파리 시민이 내놓은 숙소에서 일주일간 머무를 수 있다. 이렇게 집을 공유하게 되면서 일주일 혹은 열흘 동안 다른 사람에게 집을 빌려주고 공유하면서 경제적 이득을 얻을 수 있게 된다.

---

1) 반도체 칩이 내장되어 있는 라벨, 카드 등에 저장된 데이터를 무선 주파수를 이용하여 접촉하지 않고도 읽어 낼 수 있는 무선인식 시스템

2) 디지털 환경에서 만들어지는 모든 형태의 대규모 데이터

3) 생산된 제품을 소유하지 않고, 여러 사람들이 대여하고 차용을 하여 사용하는 협력 소비 경제

에어비앤비는 2008년에 창립된 숙박 공유 플랫폼 사이트로서 자신의 집을 상품으로 내놓는다는 아이디어에서 출발하였으며, 현재는 사업을 확장하면서 여행은 물론 부동산의 개념을 흔들어 놓고 있다.

이를 에너지 분야로 확장시켜 보자. 에너지 저장기술이 발전하면 남아도는 에너지를 서로 합리적으로 교환하는 시스템을 만들 수 있다. 가정과 사무실, 공장, 차량 등이 인터넷을 통해 연결되면 서로 지속적으로 소통하며 정보와 에너지를 공유하며 함께 나누어 쓸 수 있다. 이를 '에너지 인터넷' 혹은 '스마트그리드'라고 부른다. 예를 들면, 가정이나 사무실에 태양열 미니 발전소를 짓고 에너지를 생산한다. 동네에는 자동차 기름을 넣는 주유소가 있듯이 전기 충전소가 곳곳에 설치된다. 공장에서는 기계가 돌아가기 위해서 전기가 필요하다. 전기 혹은 수소 자동차는 내장되어 있는 충전지에 에너지를 저장하는 것이 자유롭다. 가정·사무실·자동차는 예전에는 별개의 물건이나 장소였으나, 공통적으로 전기를 사용한다는 점을 기준으로 인터넷 네트워크에서 연결되는 순간 큰 변화가 일어난다. 인터넷에서 책, 기저귀, 피아노, 냉장고 혹은 중고 물품들이 자유롭게 거래되듯이 인터넷에서 서로 남아도는 전기를 사고 팔면서 합리적으로 나누어 사용하는 것이다.

스마트그리드 세상은 사물인터넷의 발달과 함께 더욱 발전할 것이다. 미래학자 제레미 리프킨(Jeremy Rifkin, 1945~)은 사물인터넷 등이 발달한 기술집약적인 환경에서는 한계비용이 제로에 가까운 사회가 탄생할 수 있다고 주장했다. 재화나 서비스를 한 단위 더 생산하는 데 들어가는 추가 비용을 뜻하는 한계비용이 기본적으로 제로 수준이 되어 상품의 가격을 거의 공짜로 만든다는 것이다. 예를 들면, 스마트폰과 컴퓨터를 통해 각자 생산한 정보를 거의 공짜로 서로 주고받고 있다. 개방형 온라인 강좌인 MOOC는 세계적으로 유명한 교수들이 거의 공짜에 가까운 비용으로 강의를 제공하고 있다. 이런 일이 발생하면 자본주의를 지탱해 온 이윤이 고갈되어 자본주의의 위기를 불러올 수 있다.

정보통신기술은 모든 산업 영역에서 거래비용을 획기적으로 낮추었다. 음원 다운로드, 전자책 등의 등장으로 음반업계와 출판업계의 거래비용이 감소하자 전통적인 유통 방식을 고수하던 업체들은 큰 타격을 받았으나, 전 세계의 고객들에게 음원이 실시간으로 전송되면서 한류 열

풍이 시작되었고, 1인 출판이나 전자출판 등 새로운 출판 시장이 열렸다. 인터넷을 활용하여 공산품은 매장 관리와 서비스 제공의 비용을 줄이고, 농업 분야에서도 유통구조의 개편이 이루어지면 전체적으로 소비자들의 비용 부담도 줄어들어 삶의 질이 높아질 수 있다고 전망한다.

이와 같이 제4차 산업혁명은 우리의 생활 모습과 기존의 체제에 큰 변화를 가져다줄 것이다. 따라서 제4차 산업혁명은 단순히 기술의 변화와 발전이 아닌, '제3의 물결[1)]'에 이은 '제4의 물결'이라고 보아야 한다.

현재 인공지능(AI), 무선통신, 클라우드, 빅데이터 등과 같은 새로운 기술은 우리를 새로운 세계로 이끌고 있다. 전화로 콜택시를 부르거나 음식 배달을 시키던 시대에서 스마트폰 하나로 근처에 있는 택시를 부르거나 주변의 음식점에서 주문을 하게 될 줄은 몇 년 전에는 상상도 할 수 없었다. 자동차가 고장 났을 때, 안경을 착용하면 자동으로 고장 난 곳과 수리 방법을 알려 준다. 병원에서의 진단이나 처방도 의사보다 인공지능이 훨씬 신뢰가 가고 안전하다. 인간의 전유물인 줄 알았던 창의성과 창작의 측면에서도 이미 인공지능이 문학작품을 쓰고, 작곡을 하고 있다. 이제 앞으로 교육이나 회의도 학교나 회사가 아닌 원하는 장소에서 이루어질 수 있다. 세상은 빨리 변하고 있고, 변화에 따라 세대 간의 격차도 커지고 있다.

스파트폰의 예에서와 같이 제4차 산업혁명은 인간에게 다양한 편의성을 제공해 주겠지만 한편으로 그에 따른 문제점들도 발생될 것이다. 독

---

1) 미국의 저널리스트이자 작가인 앨빈 토플러의 1980년 저서인 《제3의 물결》에서 제시된 개념으로 20세기 말과 21세기의 정보기술 발전 및 정보사회를 예견

일, 미국, 일본, 중국 등은 제4차 산업혁명을 선도하기 위하여 각자 다양한 노력을 하고 있다. 우리도 제4차 산업혁명을 준비하는 동시에 이에 대한 문제점들을 살펴보고, 예측 가능한 문제들에 대하여 대비하며, 시대에 알맞은 인재들을 양성하여야 할 것이다.

02 제4차 산업혁명이 가져올 문제점

- 일자리 감소
- 교육의 변화
- 개인정보보안 문제 심화
- 기술적 수준에서 국가간, 기업간, 지역간, 세대간 격차 심화
- 소득재분배 문제의 이슈화
- 인간 가치에 대한 문제 대두

2016년부터 제4차 산업혁명이 화두가 되면서 제4차 산업혁명이 가져올 미래에 대하여 논란이 일고 있다. 더 많은 상품들을 더 적은 인력으로 더 빨리 생산할 수 있게 됨에 따라 소비자는 큰 혜택을 얻을 수 있다. 하지만 기술의 변화에 따른 다음과 같은 문제점들이 나타날 수 있다.

첫째, 일자리가 크게 감소될 것이라는 전망이 지배적이다. 2016년 7월 국제노동기구(ILO)는 로봇으로 인하여 앞으로 아시아서 근로자 1억 3,700만 명이 일자리를 잃게 될 것이라고 전망했다. 이는 태국, 캄보디아, 인도네시아, 필리핀, 베트남 등 동남아시아 5개국 임금 근로자의 절

반이 넘는 규모이다. 20세기까지만 해도 개발도상국들은 저임금을 바탕으로 공장을 유치하여 발전하는 모습을 보였다. 하지만 로봇으로 인하여 이러한 기존의 성장 방식은 더 이상 대입할 수 없게 된다.

일자리 문제는 비단 개발도상국만의 문제가 아니다. 다보스포럼[1)]에서는 제4차 산업혁명으로 인하여 선진국에서는 2020년까지 200만 개의 일자리가 창출되지만 710만 개의 일자리가 사라질 것이라고 예측했다. 사무직 · 관리직 · 단순 노동직이 가장 먼저 타격을 받는다는 말이다. 클라우스 슈밥(Klaus Schwab, 1938~) 다보스포럼 회장은 저서 《4차 산업혁명》에서 노동자와 자본가 사이 부의 격차는 갈수록 커지고 있다고 언급했다.

우리나라에서도 정부의 한 연구기관에서 10년 이내에 1,800만 명의 일자리가 위협을 받으며, 고위 관리직은 49%가 대체되고, 저임금 단순 노동직은 90% 이상이 사라질 것이라고 했다.

둘째, 교육의 변화가 발생할 것이다. 교육이란 기본적으로 그 사회에서 필요한 인재를 배출하는 것이다. 이탈리아 볼로냐에서 최초로 대학교가 생겼을 때, 교육의 주요 목적은 자치 도시에서 필요한 행정 관료를 배출하기 위한 법률, 행정 과목과 사회를 지배했던 이념인 신학이 주를 이루었다. 우리나라도 조선시대에 서당이나 서원, 성균관에서의 주요 교육은 유교 이념을 따르는 인재와 관료의 배출이었다.

민주화가 되고 국민교육이라는 제도가 등장한 이유는 제1차 산업혁명

---

1) 매년 초, 스위스의 다보스에 저명한 기업인, 경제학자, 정치인, 저널리스트 등이 모여 범세계적인 경제문제에 대하여 토론하고 발전방안을 논의하는 세계경제포럼

과 깊은 관련이 있다. 즉, 산업화에 필요한 인재를 배출하는 것이 교육의 주된 목표였다. 이전에 농업이 주를 이루던 사회에서는 국민교육이 필요 없었다. 노예는 글을 몰라도, 산수를 못해도 농사를 지을 수 있었다. 그러던 것이 산업화되면서 국민의 기본 소양으로 매뉴얼을 읽을 수 있는 국어와 간단한 셈을 할 수 있는 산수가 중요해졌다. 중화학 공업이 발전하면서 물리학과 화학이 중요 교과목이 되었고, 세계화가 되면서 외국어도 필요해졌다. 근대 이후 국가(nation)라는 개념이 생겨나면서 국사와 국민 윤리 과목도 주요 과목이 되었다. 이와 같이 교육은 그 시기의 사회가 요구하는 기본 인재를 배출하기 위한 제도이다.

하지만 현재 학교에서 가르치고 과목들이 앞으로 얼마나 유용할까? 가령 외국어는 현재 중요한 과목 중에 하나이지만, 앞으로 얼마나 효용성이 있을까? 영화 '설국열차'를 떠올려 보자. 영화 속에서 다른 등장인물들은 영어를 사용하는데 송강호는 한국어를 사용하고 이는 즉시 통역기를 통하여 번역된다. 이러한 일은 초기 단계이기는 하지만 이미 많은 애플리케이션들을 통하여 이루어지고 있다. 제4차 산업혁명 시대에는 단순 노동은 필요하지 않게 될 것이며, 더욱이 의학이나 법학 분야와 같은 전문직에서도 이미 인공지능이 방대한 데이터를 바탕으로 인간보다 더욱 정확한 진단과 판단을 내리고 있다.

교육에서의 변화는 학과목에만 있는 것이 아니다. 학교라는 곳의 역할 변화가 필요하게 될지도 모른다. 앞으로 지식은 가정에서 화상 교육이나 인터넷 강의를 통하여 익히게 되고 학교는 배운 지식을 실험하고 활용하는 곳으로 바뀔지도 모른다는 예측이 나오고 있다.

이와 같은 변화 속에서 앞으로 인류 사회에 필요한 인재는 무엇이며, 학교의 역할은 과연 무엇일까? 교육계가 심각하게 고려해야 할 문제이다.

셋째, 개인정보보안 문제가 심각해질 것이다. 현재에도 인터넷과 스마트폰의 사용자 수가 증가하면서 은행 업무 및 상품 구입 등을 전자 기기를 사용하는 사람들이 증가하고 있다. 이에 따라 개인정보를 해킹하는 새로운 기술들이 증가하고 있어 개인정보유출에 대한 문제가 심각해지고 있다. 또한 사용자가 모르게 위치추적, 통화녹음 등을 할 수 있어 개인 사생활이 침해되기도 한다.

2016년 12월, 한국인터넷진흥원과 고려대 사이버보안정책센터, 인텔코리아는 '2017년 정보보호 10대 이슈 및 산업체가 주목해야 할 정보보호 10대 기술 전망'을 발표하였다. 이 중에서 정보보호 10대 이슈로는

- 강대국 간 사이버 공방 심화로 인한 사이버전면전 위험 고조
- 사이버위협정보 공유와 협력 확대로 인한 빠른 대응
- 돈을 노린 랜섬웨어[1] 공격의 사이버범죄 주류 등극
- 빅데이터 · 인공지능 · 클라우드를 활용한 사이버보안에 따른 패러다임의 변화
- 분산저장기술 블록체인의 현실화
- 다양화되는 바이오인증에 의한 사용자 인증 대세
- 보안 고려 없는 사물인터넷으로 인한 일상의 위험 증가

1) 몸값(ransom)과 소프트웨어(soft-ware)의 합성어로 PC의 시스템을 잠그거나 데이터를 암호화하여 사용하지 못하게 한 뒤, 이를 풀어주는 대가로 금전을 요구하는 악성 프로그램

- 활성화되는 커넥티드 카[1]로 인한 사이버보안 위기
- 잊힐 권리 등 개인정보 자기결정권 강화
- 제4차 산업혁명을 좌우할 개인정보 보호와 활용의 조화

가 선정되었다. 임종인 고려대 사이버보안정책센터장은 이 날 개회사에서 사이버 보안이 제대로 지켜지지 않으면 산업 기밀이나 개인정보가 유출되는 정도를 넘어 제4차 산업혁명 시대 플랫폼 자체가 신뢰를 잃게 된다며 정부가 앞장서 사이버 보안 강화에 아끼지 말고 투자해야 한다고 강조했다.

넷째, 기술적 수준에서 국가 간 · 기업 간 · 지역 간 · 세대 간 격차가 심화될 수 있다. 가령 빅테이터를 처리하는 핵심 중앙정보센터의 투자 규모만도 수억에서 수십억 달러에 달하며, 전체 시스템 구성에 필요한 다양한 분야의 기술 개발에는 천문학적 규모의 투자가 요구된다.

따라서 이를 감당하기 위해 기업 간 연합과 합병이 불가피하다. 위에 예로서 언급한 세계 최대 규모의 제조업체인 제너럴 일렉트릭(GE)[2] 조차도 다른 분야의 기업들과 연합하지 않을 수 없는 상황에서 투자의 위험을 상쇄하기 위해 경쟁사였던 프랑스의 알스톰(Alsthom)사를 합병할 수밖에 없었다.

---

1) 정보통신기술과 결합하여 양방향 소통이 가능한 차량으로 다른 차량이나 교통 · 통신 기반 시설과 무선으로 연결하여 위험 경고, 원격 차량 제어, 내비게이션, 차량 관리 서비스 등을 제공

2) 에디슨이 설립한 전기조명회사를 모체로 성장한 기업으로, 전력, 항공, 헬스케어, 운송 등의 분야에서 활동

유럽에서는 거의 유일하게 독일의 거대기업인 지멘스(Siemens)[1) 그룹만이 독일 정부의 전폭적인 지원 하에 독자적인 실행 단계에 진입하고 있다.

더구나 승자독식의 성격이 강한 핵심기술로서 정보산업, 소프트웨어 및 인터넷환경을 미국이 장악한 상태에서 새로운 기술제국주의의 위험성조차 내재되어 있다. 최근 구글 등 미국계 기업과 중국 및 유럽국가 간의 갈등이 이를 보여 주고 있다.

또한 아직까지는 독일, 미국, 중국, 일본 및 인도 그리고 한국 정도가 겨우 국가 단위의 지원과 전략을 통해 대응하고 있는 것으로 보인다. 따라서 대부분의 국가와 기업들은 종속적인 위치에서 부분적 영역에 한하여 하청 협력을 구해야 할 것이다.

게다가 인간의 수명은 늘고 있는데 세대별로 변화에 대한 적응력이 다르기 때문에 기술에 대한 세대 간의 격차가 더욱 심화될 것으로 전망된다.

다섯째, 소득재분배 문제가 큰 이슈가 될 것이다. 현재 전 세계 대부분의 국가들은 재화와 용역을 자유 가격 체제의 수요와 공급 관계에 의해 분배하는 시장 경제 체제를 도입하고 있다. 이러한 상황에서 변화로 생겨 가는 혜택들은 소수 엘리트에 집중되어 불평등이 한층 더 심화되고 있다. 다보스에서 발표된 스위스은행(UBS) 보고서는 이 점을 크게 강조하고 있다. 보고서는 "저숙련 일자리가 자동화로 대체되면서 일자리 양

---

1) 1847년에 설립된 유럽 최대의 엔지니어링 회사로 자동화 및 제어, 전력, 운송, 의료, 정보통신, 조명 등, 여러 사업부문을 가진 기업체

극화가 진행되고 있으며, 이런 추세는 점점 더 중간층 일자리로 확산되고 있다."라고 지적하고 있다.

슈밥은 1990년 디트로이트를 2014년 실리콘밸리와 비교하면서 소득의 양극화 문제를 제시한 바 있다. 1990년 당시, 디트로이트에 기반한 3대 대형회사들은 360억 달러의 시장 자본을 점유하고, 2,500억 달러의 수익을 올리면서 120만 명의 직원들을 거느렸다. 2014년, 실리콘밸리의 최대 3개 회사들은 2,470억 달러 규모의 수익을 창출, 예전에 비해 훨씬 많은 약 1조 9백만 달러의 자본을 차지하고 있지만, 정작 그곳에서 일하는 직원 수는 10배 이하에도 미치지 못한다.

25년 전과 비교해 볼 때, 과거의 기업들은 직원 수를 최대한 줄여야지만 더 많은 수익을 거둬들이기 쉬웠다. 자동차 회사를 세우고, 가동하는 것은 엄청난 비용이 들고, 수많은 근로자들이 필요했다. 하지만 오늘날 스마트 앱을 개발하는 회사는 훨씬 적은 자본을 가지고도 가능하다. 자동차 회사들처럼 제품 보관 창고나 운송에 비용을 쓸 필요가 없고, 더욱이 사용자들이 늘어난다고 해서 추가 비용이 발생하지도 않는다. 경제 전문용어를 빌면, 단위 생산량에 대한 한계비용이 거의 제로로 줄어들고, 규모에 따른 수익은 증가한다. 기술집약적 창업가들이 아주 젊은 나이에 상당한 부를 축적하는 것이 가능한 이유가 바로 여기에 있다.

지금까지 기술 확대를 촉진하고 부정적 충격을 최소화하기 위한 정치 모델이 제 기능을 발휘하지 못했다. 복지국가의 복지 정책은 약화되고, 장기 실업률은 크게 증가해 왔다. 또한 세금제도의 진보성은 크게 후퇴했으며, 정치는 점점 더 가진 자들의 입김에 따라 좌지우지돼 왔다.

여섯째, 인간의 가치에 대한 문제가 대두될 것이다. 다보스 포럼에 처음 참가한 캔터베리 대주교는 임박한 변화가 요구하는 것은 단순히 경제적 대응이 아니라, 영적인 대응(spiritual response)이라고 지적했다. 저스틴 웰비(Justin Welby, 1956~) 켄터베리 대주교는 "이는 오로지 돈 문제에 국한되지 않는다. 오히려 인간은 어떤 존재인가에 관한 좀 더 본질적인 문제이다."라고 강조했다.

IBM의 인공지능인 왓슨(Watson)[1)]의 암판독 정확도는 96%에 이른다. 의사의 오진률이 20%에 이르는 것과 비교하면 왓슨이 인간보다 더 신뢰할 수 있는 존재가 된 것이다. 인간이 만들어 낸 로봇에 의하여 점차 밀려나게 될 세계에서 인간은 과연 무엇을 해야 할 것인지에 대한 깊은 성찰이 필요해질 것이다.

---

1) IBM이 만든 인공지능으로 2011년 미국 유명 퀴즈쇼에 출연하여 우승하였고, 현재 헬스케어, 의료, 법률 분야에서 활동

03 우리는 어떠한 대비를 하고 있는가?

- 독일 : 인터스트리 4.0 프로젝트
- 미국 : 산업인터넷
- 일본 : 로봇신전략
- 중국 : 인터넷 플러스와 중국제조 2025 정책
- 한국 : 신산업분야 전문인력 양성, 인공지능 프로젝트, 석유화학 생산 효율 제고

세계 최고의 제조업 경쟁력을 가지고 있는 독일은 인터넷 기술의 진화가 오프라인 세상을 바꿔 놓고 있는 환경 변화를 일찍이 감지했다. 온라인과 오프라인이 결합하는 O2O[1] 시대로의 변화에 맞춰 제조업 경쟁력을 한 단계 업그레이드해야 미래의 경쟁력을 확보할 수 있음을 깨달았다. 독일 정부는 기존 제조업 기반에 정보통신기술을 융합하는 '인더스트리 4.0(Industry 4.0)' 프로젝트를 2012년에 시작했다. 그 결과 제4차

1) 온라인 투 오프라인(Online to Offline)의 약자로, 온라인 기술을 이용하여 오프라인의 수요와 공급을 혁신시키는 새로운 현상

산업혁명의 핵심이라고 할 수 있는 지능형 스마트 공장을 탄생시켰다. 독일의 대표적인 스마트 공장 지멘스의 암베르크(Amberg)에서는 각 부품 및 공정마다 센서와 스캐너를 연결해 제품의 완성도를 높인다. 생산라인의 기계끼리 서로 소통하고 모든 부품을 인식할 수 있게 됨에 따라서 맞춤형 대량생산이 가능하다.

독일의 인더스트리 4.0이 제조업 설비의 사이버 자동화가 중심이라면 미국은 좀 더 큰 개념인 산업인터넷이란 이름으로 접근한다. 산업인터넷은 인터넷 혁명을 산업 영역으로 끌어올리는 것이다. 인터넷 세상에서 플랫폼이 중심이 되듯이 미국은 전체 산업의 플랫폼을 장악하려고 한다.

일본은 '로봇신전략'을 발표했다. 금융, 서비스, 유통, 간병 등 다양한 영역에서 로봇을 활용한 제4차 산업혁명을 준비하고 있다. 일본은 로봇 산업을 고도화하기 위해서 빅데이터와 인공지능 기술을 발전시키려고 한다. 히타치(Hitachi)는 빅데이터 분석 기술과 정보 시각화 기술을 가진 펜타호(Pentaho)를 인수하면서 빅데이터를 강화하고 있다.

중국은 '인터넷 플러스(internet+)'와 '중국제조 2025' 정책으로 제4차 산업혁명을 준비하고 있다. 다양한 첨단 인터넷 기술을 제조업에 적용해서 스마트 생산 강국이 되는 것이 중국의 목표다. 중국의 검색포털인 바이두(Baidu)는 인터넷을 넘어서 인공지능 분야를 강화하고 있다. 바이두는 발달한 인공지능 기술을 기반으로 향후 3년 내에 자율주행 자동차를 출시할 계획이다.

우리나라에서도 제4차 산업혁명에 대비해 여러 가지 정책을 펼치고 있다. 산업통상자원부가 발표한 2017년 정책 방향으로는 첫째, 제4

차 산업혁명과 산업구조 고도화를 주도할 신산업 분야 산업 전문 인력 6,500여 명을 양성할 계획이다. 둘째, 인공지능과 빅데이터를 활용한 기계산업 스마트화를 위해 자율주행 농기계, 스마트 컨스트럭션 등 3개 인공지능 프로젝트에 2020년까지 민관 공동으로 202억 원을 투자할 계획이다. 셋째, 온라인과 오프라인 결합, 빅데이터를 활용하여 세계 최고 수준의 석유화학 생산 효율을 추가적으로 제고할 계획이다.

현재 제4차 산업혁명에 대한 문제는 산업계뿐만 아니라 정치계, 교육계 등에서도 이슈가 되고 있다. 정치적 측면에서 언급해 보자. 앞서 언급한 일자리 문제는 1차, 2차, 3차 산업혁명 때에도 언급되었던 문제이다. 그럼에도 불구하고 인간은 변화에 맞는 새로운 일자리를 만들어내는 한편, 다양한 사회 제도들을 만들어 내며 슬기롭게 대처해 왔다. 하지만 제4차 산업혁명이 가져올 대량 실업에 대하여 인류는 얼마만큼 준비되어 있을까? 클라우스 슈밥이 언급한 부의 격차 심화를 막을 수 있는 준비나 자세가 되어 있는가? 이에 대해 정치계에서는 어떠한 대책을 내놓을 것인가?

04 이 책의 범위

- 인류의 삶을 바꾸어 놓은 경제혁명들
- 제4차 산업혁명이 가져올 사회상과 대응책
- 제4차 산업혁명 시대에 필요한 인재상
- 지속가능한 지구를 이루기 위한 방안
- 로봇과 공존하는 사회에서의 인간의 역할

이 책에서 주로 다루려고 하는 것은 제4차 산업혁명이 가져올 사회 변화를 예측해 보고 그에 대한 인재상을 제시하는 것이다. 이를 위하여 이 책은 다음과 같이 구성된다.

제2장에서는 인류의 삶을 바꾸어 놓은 경제혁명에 대하여 다룰 것이다. 대표적인 경제혁명으로는 신석기혁명과 제3차에 이른 산업혁명이 있는데, 각 혁명이 일어나게 된 계기와 변화상들을 역사적으로 되짚어 볼 것이다. 각 시대별로 어떠한 변화 속에서 산업혁명이 일어났으며 그 결과를 살펴봄으로써 제4차 산업혁명을 준비할 수 있는 기반을 마련할 것이다.

제3장에서는 제4차 산업혁명이 가져올 미래의 사회상을 보여주고 사회적으로 무엇이 필요한지를 언급하겠다. 단순히 기술이나 산업적인 측면이 아닌 사회 전반적으로 야기될 변화와 그에 대한 대응책을 다루어 보고자 한다.

제4장에서는 3장의 내용을 바탕으로 앞으로 필요하게 될 인재상을 다루어 보고자 한다. 앞으로의 사회에서 중심이 될 직종들을 언급하고 그에 따라 기업과 사회에서 필요한 인재상을 제시하고자 한다.

제5장에서는 제4차 산업혁명 속에서 지속가능한 지구를 이루기 위한 방안을 제시하고자 한다. 현재 지구환경 변화에 대하여 어떠한 대응을 하고 있는지 살펴볼 것이며, 제4차 산업혁명에 따른 변화에 대해 환경 방향과 대책을 제시할 것이다.

제6장에서는 로봇이 중심이 되는 사회에서 인간의 역할이 무엇이며, 어떠한 것을 추구해야 하는지를 언급하고자 한다. 앞에서 언급했듯이 인간의 창조물인 로봇과 공존해야 하는 사회 속에서 인간의 역할에 대한 근본적인 문제에 대하여 다룰 것이다.

CHAPTER 2

제4차 산업혁명까지의 주요 과정

경제적인 측면에서 인류는 여러 번의 혁명을 경험을 해왔다. 각 혁명이 일어나는 과정 속에서 혁명이 일어나게 된 계기와 혁명이 가져온 변화를 우선 살펴보는 것이 제4차 산업혁명을 이해하고 변화에 대한 예측을 하는 데 도움이 될 것이다.

인류 최초의 혁명은 신석기혁명이라고 한다. 신석기시대에 농경을 하게 되면서 인류의 삶에 큰 변화가 생겼다. 두 번째로 인류의 삶을 뒤흔든 것이 산업혁명이다. 일반적으로 산업혁명이란 18세기 중반의 기술혁신과 이로 인해 발생한 사회, 경제 등의 큰 변화를 말한다. 산업혁명은 영국에서 시작하여 유럽, 북미, 전 세계로 확산되어 인류 문명을 크게 바꾸어 놓았다. 인류의 본격적인 과학기술 개발이 이때부터 시작되었다고 볼 수 있다. 산업혁명은 단순히 증기기관의 개발에 따른 생산 기계의 발전에 의하여 발생한 것이 아니다. 산업혁명은 곡물생산과 인구증가, 면직물 산업에서의 기계화, 자본 및 노동력의 증가, 중세 봉건제 사회에서 시장경제 사회로의 변화 등 다양한 배경 속에서 점진적으로 변화한 역사적 결과이다.

이러한 신석기혁명과 산업혁명 시대를 좀 더 자세히 들여다보면 사회적 변화와 과학 · 기술의 발전이 서로 큰 영향을 주고 있음을 알 수 있다.

신석기시대와 18~19세기에 과연 어떠한 일이 발생하였으며, 어떠한 변화가 일어났는가? 이제 미래를 이야기하기 전에 잠시 과거를 되짚어 보도록 하자.

01 신석기혁명

수렵·채집 시대의 집단학습을 통한 기술 발전

- 언어를 통한 지식의 축적
- 장기간 집단학습을 통한 기술의 발전 및 환경의 변화 이야기

인류학자들의 주장에 따르면 호모 사피엔스(Homo sapiens), 즉 현생 인류가 지구상에 등장하기 시작한 것은 약 25만 년 전이다. 초기 인류는 수렵과 채집 생활을 했기 때문에 보통 수십 명에서 많게는 백 명 정도의 작은 소집단을 이루어 이동하는 생활을 했다.

이 시기의 생활상은 동굴벽화를 통해 예측해 볼 수 있다. 순록이나 사슴을 무리지어 사냥하는 모습은 이것들이 중요 식량 공급원 중 하나였음을 추측해 볼 수 있으며, 활이나 창을 사용했음을 알 수 있다. 이들은 사냥 도구를 만들어 사용하였을 뿐만 아니라 불을 사용할 줄 알았고, 배를 만들어 근거리의 바다를 건너기도 하였다. 초기 인류가 다른 동물과는 달리 기술을 습득할 수 있게 된 원인 중 하나는 바로 언어의 사용이

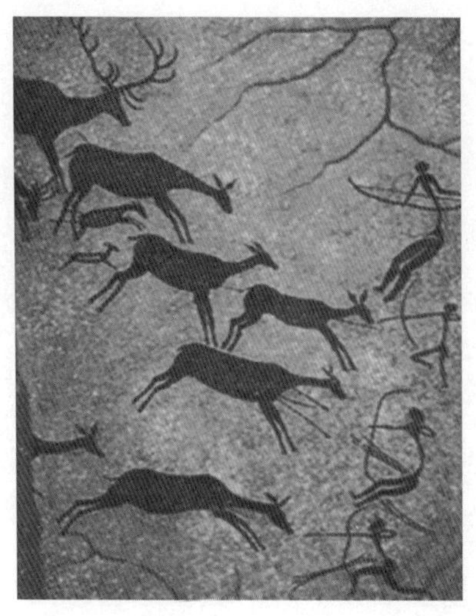

라스코 동굴벽화 등에는 원시 수렵인들이 순록이나 들소, 매머드를 사냥하는 모습이 나타나 있다.

다. 침팬지나 고릴라와 같은 영장류도 도구를 사용하기도 한다. 하지만 이들 영장류들은 자연 그대로의 사물들을 사용할 뿐 인류와 같이 다듬거나 제작하여 사용하지는 않는다. 인류는 언어를 통하여 생존에 필요한 정보를 공유하기 시작했다. 빅 히스토리(Big History)[1]라는 분야를 개척한 데이비드 크리스천(David Gilbert Christian, 1946~)은 이와 같이 언어를 통해 축적된 지식을 집단학습이라고 한다. 인류는 20만 년이 넘는 긴 세월을 보내는 동안 언어와 집단학습을 통하여 서서히 기술을 발전시켜 왔고, 그에 따라 환경을 변화시켜 가기 시작했다. 이와 같은 변화가 심화되기 시작한 것이 바로 약 1만 년 전에 시작한 농경이다.

---

1) 우주의 기원에서부터 시작하여 역사를 가르쳐야 한다고 주장하는 교육운동으로 자연과 인간의 모든 역사를 보여주려는 시도

농경의 시작

- 지구 온난화에 의한 자연 환경의 변화
- 정착생활의 시작
- 인구 증가

약 1만 년 전에 시작된 신석기 시대에는 가축 사육 및 작물 재배가 시작되었고, 이를 통하여 인구가 증가하게 되었다. 고고학자인 고든 차일드(Gordon Childe, 1892~1957)는 수렵 · 채집에만 의존하던 인류가 이 시기에 농경이라는 전혀 새로운 차원의 생산양식을 발전시킴으로써 여러 가지 사회문화적 발전을 이루었다고 하여 신석기혁명이라는 명칭을 부여했다.

그렇다면 인류는 왜 수렵 · 채집 생활을 버리고 정착 생활을 하는 농경을 시작하게 되었을까? 여러 가지 이유들이 있지만 가장 큰 이유는 당시의 자연 환경의 변화이다. 약 1만 5,000년 전부터 마지막 빙하기가 끝나고 간빙기[1]가 시작되었다. 지구 온난화로 인하여 해수면이 상승하기 시작하였고, 새로운 형태의 숲이 등장하였고, 초원과 사막의 중간 형태인 사바나 지역도 생겨났다.

이러한 자연의 변화에 우선 추운 날씨에 적응되었던 매머드와 같은 대형 동물들이 멸종하기 시작하였다. 대형 동물들이 환경에 적응하기 위하여 필요했던 시간보다 자연의 변화가 더욱 빨랐기 때문이다. 반면에

1) 방하기와 빙하기 사이의 비교적 기후가 온난해지는 시기로 현재는 제4간빙기에 해당

토끼나 돼지, 사슴과 같은 비교적 작은 동물들이 번성하기 시작하였다. 하지만 작은 동물들은 민첩하였기 때문에 사냥도 어려웠고, 사냥에 성공한다고 해도 무리들이 먹기에는 부족하였다. 동물들 사이에서 변화가 나타나는 동안, 벼나 옥수수와 같이 영양분이 풍부한 식물들이 자랄 수 있는 지역이 증가하기 시작하였다. 다양한 초식동물과 식물들이 증가하기 시작하자 인류는 더 이상 이동을 하지 않고, 정착 생활을 하기 시작하였다.

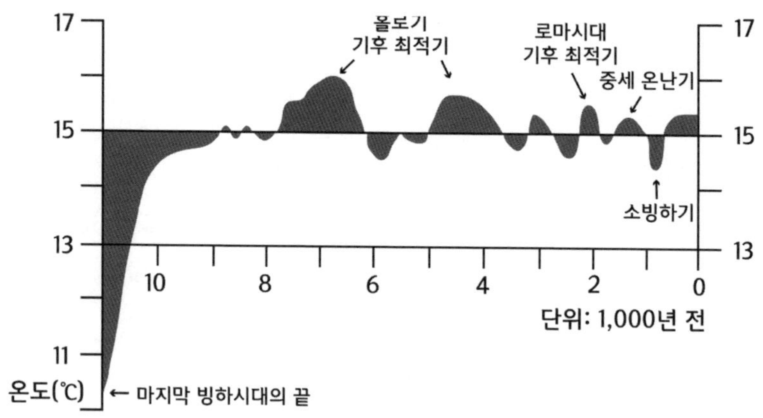

인류가 정착 생활을 시작하자, 인구가 증가하기 시작하였다. 수렵·채집 시대에는 인구가 2배로 증가하는 데 평균 6,000년 이상이 필요했다. 하지만 정착 생활을 시작한 후 인구가 2배로 증가하는 데에는 약

1,500년밖에 걸리지 않았다. 즉, 인구 증가가 4배 이상 빨라진 셈이다. 인구가 증가하자 더 많은 에너지, 즉 식량이 필요해졌고, 인구를 부양하기 위하여 효율적으로 에너지를 얻는 방법인 식물 재배와 가축 사육이 생기게 되었다.

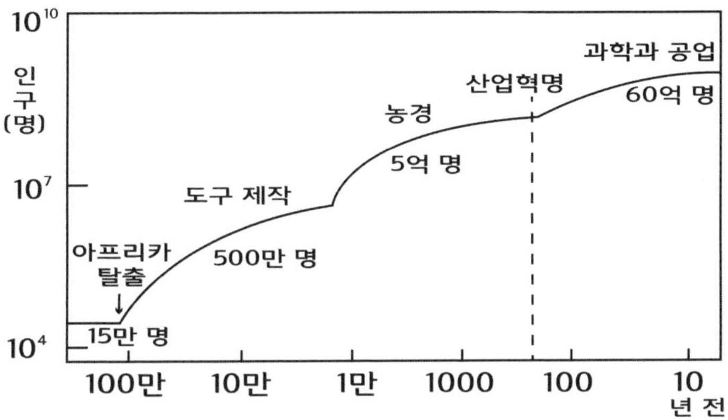

이렇게 농경사회로 변화하게 되면서 농경을 위하여 필요한 기술들이 새롭게 개발되었고, 사회적 변화가 나타나기 시작하였다.

농경으로 인한 변화

- 잉여생산물의 등장
- 사유재산 개념 생성
- 다양한 직업 생성
- 공동체 규모 확대

현재까지 남아 있는 수렵 · 채집인들의 생활을 살펴보면, 부족의 우두머리인 족장의 가장 큰 역할 중 하나는 사냥을 해서 잡은 짐승을 부족민들에게 분배하는 것이다. 그 이유는 사냥은 무리지어서 이루어지고, 항상 사냥에 성공하는 것이 아니어서 식량이 부족할 때도 많기 때문에 부족민 중 누군가가 굶는 일이 발생해서는 안 되기 때문이다. 이들은 공동으로 사냥을 하고 공동으로 분배하기 때문에 사유재산이라는 개념을 별로 가지고 있기 않다.

하지만 농경을 시작하면서 많은 것이 바뀌었다. 우선 한 부족이 필요한 식량보다 더 많은 식량이 생겨나게 되었다. 즉, 잉여생산물이 나타나기 시작한 것이다. 이제는 잉여생산물을 장기간 보관해야 할 필요가 생겼다. 이는 곧 토기 제작 기술의 발전과 연결된다. 또한 농경에 필수적인 일조량과 수량을 측정하고 계절 주기를 알아내는 기술이 발전하였다.

하지만 사회적으로 누가 어떻게 잉여생산물을 재분배할 것인가라는 새로운 문제가 발생했다. 우선 잉여생산물이 생겨나고 장기간 보관이 가능해지자 '내 것'이라는 개념이 생겨났다. 사유재산이라는 개념이 생

농경을 통한 잉여생산물의 등장은 토기 제작 기술과 달력의 발전을 가져왔다.

긴 것이다. 소유하고 있는 식량이 많을수록 권력도 높아지는 구조가 발생하였다. 오늘날과 같이 가진 것이 많을수록 권력을 차지하는 구조가 이때 생겨난 것이다.

잉여생산물은 농업에 종사하지 않아도 되는 직업을 만들어 냈다. 대표적인 것이 장인, 군인, 신관이다. 농사를 짓거나 식량을 보관하기 위해서는 농기구와 토기를 전문적으로 만드는 사람이 필요하다. 이들은 자신이 만든 도구들을 식량과 맞바꾸었다. 한편, 외부에서 식량을 빼앗기 위해 침입하는 부족도 있기 때문에 이를 방어하기 위한 전문집단인 군인이 생겨나게 되었다. 또한 앞에서 언급한 농경에 필수적인 태양에게 제사를 지내는 신관이 생겨났다. 한편, 농사를 짓기 위하여 외부의 물을 끌어다가 사용하는 관개농업이 발전하게 되고, 홍수와 가뭄을 인위적으로 조절할 수 있는 지식을 갖춘 사람이 등장하게 된다. 이외에도 생산된 생산품의 수량을 세는 사람, 장거리 물물교환을 하는 사람 등 많은 직업이 분화되었다. 사람이 증가하고 도시가 생겨나면서 이들이 지켜야 할 규범을 정하고 집행하는 사람도 필요하게 되었고, 규범을 읽고 해석하는 관리도 필요해졌다. 이들이 가진 문자를 쓰고 해석하는 능력은 다른 사람들의 능력보다 매우 특별하기 때문에 이들은 점차 특권 계층이 되고, 더 많은 잉여생산물을 가져가게 됐다.

마지막으로 잉여생산물은 더 많은 인구를 부양할 수 있게 하였기 때문에, 공동체의 규모가 커지기 시작하였다. 이 공동체에는 다양한 직업을 가진 사람들이 살 수 있었고, 이들이 활동하는 시설들이 만들어지기 시작하면서 도시가 생겨나게 되었다. 이 도시들은 나중에 국가로 발전하게 된다.

이와 같이 신석기혁명은 오랜 시간에 걸쳐 인류의 사회와 문화를 크게 바꾸어 놓은 인류의 첫 번째 혁명이다.

02 제1차 산업혁명

부르주아 계급의 형성과 시민혁명

- 무역량 증가와 화폐의 통용
- 상공업을 통하여 엄청난 부를 축적하는 계층 형성
- 신흥 부르주아들의 절대 왕정 타파

신석기혁명으로 인하여 나타난 변화는 오랫동안 인류사회를 지배했다. 산업의 기본 토대는 농업이었고, 전제 군주들은 보다 넓은 토지와 노동력을 확보하기 위해 전쟁을 벌였다.

이러한 상황은 무역량의 증가와 함께 화폐가 널리 사용되면서 바뀌기 시작한다. 국가 간의 무역으로 인하여 상공인 계층은 막대한 부를 얻기 시작했다. 상공인 계층은 왕이나 영주들에게 생산품 대신에 화폐를 세금으로 지불하였고, 국가로부터 자신의 상권에 대한 보호를 받았다. 일부는 돈을 주고 신분이나 관직을 사는 경우도 생기기 시작하였다. 상공업을 통해 막대한 재산을 모은 이들은 부르주아라는 새로운 계급을 형

부르주아는 경제변화 속에서 막대한 부를 축적하기 시작했다.

성하였다.

유럽의 절대왕정[1)]은 이들에게 막대한 세금을 부과하였고, 이들의 불만은 커져 갔다. 결국 이들은 혁명을 일으켰고, 이를 시민혁명이라고 부른다. 당시 시민의 의미는 자본주의의 성장으로 나타난 새로운 계급을 의미한다. 절대왕정은 무너지고 오늘날과 같은 민주공화국이나 입헌군주제가 실시되었다. 부르주아들은 새로운 정치세력이 되었다. 그들은 의회로 진출하기도 하고 의회에 막대한 로비를 함으로써 지신들에게 유리한 정책이 나올 수 있도록 했다.

1) 유럽에서 왕이 국가의 모든 권력을 장악하여 절대적인 권력을 행사했던 정치 형태

시민혁명은 자유와 평등이라는 신념 아래 시민계급이 지배하는 사회를 만들었다.

노동력의 증가와 기술의 발전

- 농업 생산량의 증가에 따른 토지의 목적 변경
- 자유농민들의 예비 노동인력화
- 모직물 생산을 위한 방적기의 발전
- 석탄의 사용과 철강 산업의 발전
- 증기기관과 교통수단의 발전

17세기 시민혁명을 겪은 영국에서는 다른 국가들보다 빨리 봉건제가 해체되었다. 이에 따라 자유농민이 나타났는데, 기술의 발전으로 점차

방적기의 개발은 영국의 모직물 산업을 크게 발전시켰다.

농업 생산량이 증가하였다. 농업 생산량이 증가하자 식량 생산을 위한 경작지를 당시 영국의 주요 무역품인 모직물을 생산하기 위한 목축지로 사용하기 시작했다. 농지에 살던 자유농민들은 도시로 내몰리게 되면서, 예비노동인력이 증가하게 되었다.

원래 영국은 전통적으로 모직물을 집에서 생산하였다. 전통적인 가내 수공업이었던 모직물 생산은 영국 경제에 지속적인 발전을 가져왔고, 모직물 생산을 위한 방적기들이 개발되기 시작하였다. 초기의 방적기들은 에너지원으로 동물의 힘, 수력 등을 사용하였다. 산업가들은 모직물을 공장제로 생산하고 싶어 했지만, 에너지원의 한계로 쉽게 운영하지 못하는 상황이었다.

한편, 철강 산업에서는 숯을 대신하여 석탄이 철 제련에 사용되면서 철강 산업의 비약적인 발전을 가져왔다. 인류가 처음으로 화석연료 에너지를 산업적으로 활용하기 시작한 것이다. 이때, 제임스 와트가 증기기관을 개량하였다. 증기기관의 연료로 석탄이 사용되면서 석탄만 있으

증기기관의 발전은 산업혁명을 촉진시킨 계기가 되었다.

면 어디서든지 동력을 만들어 낼 수 있게 됨에 따라 공장이 여러 지역에 세워졌다. 증기기관이 광산과 공장의 동력기로 사용됨에 따라, 석탄 채굴이 증가하였고 공장에서는 산업용 기계가 등장하게 되었다. 또한 증기기관을 활용하여 증기선, 증기기관차 등이 발명되면서 교통수단의 발전도 가져오게 되었다.

18세기 말에 시작된 영국의 산업혁명은 19세기 초에 벨기에와 프랑스, 19세기 후반에는 독일과 미국, 러시아, 일본으로 확산되었다.

제1차 산업혁명의 영향

- 산업용 기계라는 개념 생성
- 노동자 계급의 등장
- 도시화 문제 대두
- 화석 연료 사용에 따른 환경 문제 대두
- 물질적 가치의 증대

제1차 산업혁명은 산업용 기계라는 개념을 만들었다. 이때 발명된 산업용 기계는 19세기의 자동화 기계를 거쳐 오늘날의 로봇에 이르기까지 혁신을 거쳐 왔다. 산업용 기계는 공업생산품뿐만 아니라 농업 생산력을 증가시켰으며, 이에 따라 인구가 폭발적으로 증가하기 시작하였다. 또한 자본주의를 심화시켜 오늘날에 이르게 하였다.

산업용 기계가 공장에 사용되면서 노동자라는 새로운 계급이 등장하였다. 농촌인구의 도시 유입과 인구 증가로 인하여 공장주들은 저렴한 비용으로 노동력을 쉽게 구할 수 있었고, 노동자들은 열악한 노동 환경과 낮은 보수, 오랜 노동 시간에 고통당해야만 했다. 산업혁명 초기에는 열악한 작업 환경 때문에 노동자들의 평균 수명이 30세를 넘지 못했다. 방적기에 얽힌 실을 빼거나 좁은 갱도를 지나 석탄을 채취하기 위해 아동 노동이 성행했다. 이러한 환경 속에서 산업용 기계 때문에 일자리를 잃게 되었다고 생각한 사람이나 노동 착취를 당하고 있던 일부 노동자들은 기계를 파괴하는 운동에 참여하기도 하였다. 정부는 자본가들 편에서서 이들을 탄압하였다.

19세기 초반 영국에서는 기계를 파괴하는 러다이트 운동이 일어났다.

사회적으로 제1차 산업혁명은 오늘날 우리 사회가 안고 있는 많은 문제를 낳았다. 그 첫 번째는 도시화 문제이다. 이때부터 농촌의 많은 사람들이 일자리를 얻기 위하여 도시로 유입되기 시작하였으며, 도시에서는 위생과 범죄 문제가 대두되었다.

두 번째는 환경 문제이다. 이때부터 사용하기 시작한 화석연료는 대기와 수질을 심각하게 오염시키기 시작하였다. 빅 히스토리에서는 이 시기부터 인간이 지구환경에 큰 영향을 미치기 시작하였다고 하여 인류세로 구분하고 있다.

세 번째는 물질적 가치의 증대이다. 대량 생산이 가능해짐에 따라 소비가 조장되었고, 물질을 많이 가진 사람이 사회의 지배계급이 되면서 소수의 자본가가 다수의 노동자를 지배하게 되었다.

-
03 제2차 산업혁명
-

과학의 발전

– 전자기학의 발전
– 전기를 만들어서 에너지로 사용하는 방법 제공

제1차 산업혁명을 거치면서 과학자들은 자연현상에 큰 관심을 보였다. 열역학으로 인하여 증기기관이 발전하면서 과학자들은 다른 현상에도 관심을 보였는데, 그중 하나가 바로 전자기력이었다. 미국의 벤저민 프랭클린(Benjamin Franklin, 1706~1790)은 번개가 전기라는 사실을 밝혔고, 전기를 축전지에 담을 수 있음을 보여 주었다. 1799년 알렉산드로 볼타(Alessandro Volta, 1745~1827)는 화학 전지를 발명하였으며, 1821년 마이클 패러데이(Michael Faraday, 1791~1867)는 전기로 자석을 회전시킬 수 있음을 보여 주었다. 이는 19세기 중반 전기 모터 개발의 초석이 되는 발견이었다. 또한 그는 전자석이 전기를 유도할 수 있음을 보여 줌으로써 오늘날 발전 시설의 토대를 만들었다.

마이클 패러데이는 자기력과 전기와의 관계를 밝힘으로써 오늘날 전기를 사용하는 데 큰 공헌을 하였다.

전자기학의 발전은 빛과 전기의 성질에 관한 물리학 연구와 물질의 전기분해 등의 화학 연구의 발전을 가져왔다. 이러한 과학의 발전은 전기를 만들어서 에너지로 사용할 수 있는 방법을 알려 주어 엄청난 양의 전기를 소모하며 살고 있는 현대사회의 모습을 만들어 내었다.

상업용 발전기 발명과 중화학 공업의 발전

- 전기를 활용한 발명품 등장
- 내연기관의 등장
- 공장의 자동화

전기라고 하는 새로운 에너지의 등장은 미국에서 널리 활용되었다. 미국에서는 발전기, 전신기, 전화 등 전기를 활용한 발명품들이 등장하였다. 토마스 에디슨(Thomas Alva Edison, 1847~1931)은 화력발전을 통하여 미국 전역에 전기를 공급하는 한편, 전기를 활용한 전구를 발명하였다. 그레이엄 벨(Alexander Graham Bell, 1847~1922)은 전기를 통하여 의사소통할 수 있는 방법을 개발하여 보급시켰다.

일부 국가에서는 내연기관[1)]이 실용화되기 시작하였고, 내연기관의 개념에 대한 보급도 빠르게 진행되었다. 19세기 중반, 프랑스의 에티엔느 르느와르(Jean Joseph Etienne Lenoir, 1822~1900)는 최초로 석탄 가스를 원료로 하는 내연기관을 개발했다. 이에 따라 프랑스에서는 초기 자동차의 원동력으로 내연기관을 적용하려고 시도했지만 대량생산에는 이르지 못했다. 연료로 석탄 가스 대신 석유를 사용한 사람은 독일의 고틀리프 다임러(Gottlieb Daimler, 1834~1900)였다. 이러한 혁신은 몇 년 후에 자동차에 적용되었다. 이후 미국의 헨리 포드(Henry Ford, 1863~1947)는 내연기관을 대량 생산하였다.

---

1) 연료를 기관내부에서 연소시켜서 발생한 에너지를 기계적인 일로 변환시키는 동력발생장치

영국이 기계의 노후화로 인하여 침체기를 겪고 있는 동안 19세기 후반부터 미국과 독일은 제2차 산업혁명을 주도하였으며, 새로운 강철 제조기술, 근대적 화학기술, 자동차, 석유와 전기 산업 등 중화학 공업 부문에서 새로운 기술과 산업을 발전시켰다. 전기와 석유는 새로운 동력으로 사용되기 시작하였다.

이 시기 공장의 자동화가 이루어지면서 다시 대량 실업이 발생하였으며, 공장의 자동화와 중화학 공업의 발전으로 대자본의 투자가 필요해졌다.

제2차 산업혁명의 영향

- 지하자원 확보의 중요성 증대
- 제국주의와 자본주의 확대
- 국간 팽창주의적 대결 촉진
- 산업화에서 과학과 기술의 비중 증대

우선 내연기관의 발전과 중화학산업의 발전으로 인하여 지하자원 확보가 중요해졌다. 이로 인하여 강대국들의 제국주의 정책과 자본주의가 확대되었다. 또한 원료 공급지라는 이전의 식민지의 개념에 완제품에 대한 시장이라는 개념이 추가되면서 국가 간의 팽창주의적 대결을 촉진시켰다. 그 결과, 유럽과 세계는 2번에 걸친 세계대전을 겪어야 했다.

양차 대전을 거치는 동안 과학기술은 비약적으로 발전했다. 기관총, 탱크, 화학무기, 잠수함, 전투기, 항공모함, 미사일, 핵무기 등과 같은 무기들을 만들기 위하여 각 국가의 과학기술이 총동원되었다. 제2차 세계대전 전후에는 과학연구의 중심이 유럽에서 미국과 소련으로 옮겨졌다. 그 이유는 독일의 파시즘으로 인하여 많은 과학자들이 미국으로 망명하였고, 연합군에 의해 체포된 독일, 일본 과학자들은 미국으로, 독일의 기술자들은 소련으로 들어가게 되어, 두 국가의 과학 발전에 기여했기 때문이다.

과학과 기술이 산업화에 중요해지기 시작하였고, 과학과 기술의 발전에 거대 투자와 연구 시설 확충이 이루어졌다. 제2차 세계대전 이후에는 과학연구가 계획적으로 이루어졌고 과학 진보의 규모가 급속하게 커졌다. 제2차 세계대전 중의 핵무기 개발계획인 맨해튼 프로젝트와 1960년대 우주 탐사를 위한 미항공우주국(NASA)의 아폴로 계획[1)]이 대표적이다. 이와 함께 과학기술이 우리의 일생상활에 직접적으로 영향을 미치는 범위가 넓어짐과 동시에 빠르게 발달했고, 과학을 기술로 전환해서 응용하는 데 직접적이고 신속해졌다.

---

1) 우주비행사를 달에 착륙시키 후, 다시 지구로 안전하게 귀환시킨다는 미국의 달 탐사 계획

04 제3차 산업혁명

정보통신기술 산업의 발전

- 컴퓨터와 인터넷의 발전
- 생산자동화를 통한 대량생산
- 정보기술 시대 개막

제3차 산업혁명은 비교적 최근의 일로 컴퓨터와 인터넷의 발전으로 발생한다. 컴퓨터를 이용한 생산자동화를 통해 대량생산이 진화하고, 업무용 메인프레임 컴퓨터, 개인용 컴퓨터, 인터넷 등을 통한 정보기술 시대가 열리게 된다. 제3차 산업혁명을 이끈 산업은 정보통신기술인데, 이러한 정보통신기술의 발달은 제4차 산업혁명의 필요조건이 된다.

제레미 리프킨은 《소유의 종말》, 《공감의 시대》, 《엔트로피》 등의 저서를 통하여 인터넷과 재생에너지에 의한 제3차 산업혁명이 가져올 변화는 소유에 의한 수직적 구조에서 공유에 의한 수평적 구조로의 재편이라고 주장하였다.

제레미 리프킨에 따르면 시장은 네트워크에게 자리를 내주며 소유는 접속으로 바뀌는 추세다. 근대 경제의 중요한 특성이었던 판매자와 구매자의 재산 교환은 네트워크 관계로 이루어지는 서버[1]와 클라이언트[2]의 단기 접속으로 바뀐다. 접속 중심의 구도에서 기업의 성공은 시장에서 그때그때 팔아 치우는 물건의 양보다는 고객과 장기적 유대 관계를 맺을 수 있느냐 없느냐에 따라 점점 좌우된다. 산업 생산에서 문화 생산으로 탈바꿈하면서 나타나는 또 하나의 중요한 변화는 노동 의식이 유희 의식으로 바뀌는 것이다. 노동을 상품화하는 것이 산업 시대의 특징이었다면, 접속의 시대에는 놀이의 상품화가 그 특징이다. 이미 앨빈 토플러는 규모의 경제가 속도의 경제로 바뀌고 있다고 예견하였고 이를 제3의 물결이라고 칭한 바 있다.

---

1) 네트워크를 통하여 다른 컴퓨터에게 서비스를 제공하는 프로그램이 샐행되고 있는 컴퓨터 하드웨어

2) 서버로부터 서비스를 요청하고 제공받는 컴퓨터 또는 소프트웨어

제3차 산업혁명의 영향

– 네트워크에 기반을 둔 상업 활동
– 대량생산 시대에서 소비자 맞춤 시대로의 변화

제3차 산업혁명의 결과로 생산성이 향상되었고, 많은 작업이 컴퓨터 화면을 통하여 처리되고 있다. 즉, 네트워크를 통화여 경제 활동이 이루어지게 되었으며, 네트워크에 이용자가 추가될 때 이에 따른 비용은 추가적으로 들지 않지만 한계 소득은 훨씬 많이 발생된다. 이를 네트워크 경제라고 부른다.

리프킨은 할리우드를 예로 드는데, 할리우드는 수직으로 통합된 고전적 거대 기업으로부터 세계에서 가장 모범적인 네트워크 경제로 변신했다고 했다. 그리고 궁극적으로 모든 지식 집약 산업이 할리우드와 똑같은 납작한 원자 상태로 해체될 것이라고 보았다.

상품의 교환을 관리하는 것이 지난 산업 시대의 특징이었다면 제3차 산업혁명 시대의 특징은 개념의 교환을 관리하는 것이다. 현재 개념을 거래하는 기관이 늘어나고 있고, 사람들도 이런 아이디어와 그 아이디어의 물리적 구현물에 접속할 수 있는 권리를 점점 많이 사게 된다. 이러한 새로운 경제에서는 생각을 관리하고 파는 능력이 궁극적으로 기업의 성패를 좌우한다.

네트워크의 발전으로 인하여 접속을 통해 유형, 무형의 자산을 공유하는 주체들의 관계를 상품화하는 것, 이것이 곧 네트워크에 기반을 둔 상업 활동의 핵심이다.

제3차 산업혁명은 생산 방식을 빠르게 변화시켰다. 대량생산 시대에서 소비자 맞춤 시대를 연 것이다. 에너지 소스가 변한 것뿐만 아니라 다른 영역에서도 급진적인 변화를 일으켰다. 가령, 세금제도의 변화가 있다. 과거에는 노동에 부과하던 세금이 지금은 자원 소비와 공해에 부과되고 있다.

CHAPTER 3

제4차 산업혁명이 가져올 미래의 모습과 대응방안

현재 진행 중인 제4차 산업혁명이 가져올 미래의 모습에 대한 많은 예측들이 나오고 있고, 이에 대하여 대비를 해야 한다고 주장하는 사람들이 많아지고 있다. 미래를 대비한다는 것은 변화를 예측하고 현실을 분석하여 나아가야 할 방향을 제시하는 것이다. 이는 지구상의 생물 중에서 오직 인간만이 가진 능력이다. 이러한 인간의 능력을 잘 발휘하기 위해서는 현실에 대한 명확한 진단, 결과에 따른 다양한 시나리오 분석, 해결 방안들의 한계와 실현 가능성의 정도를 정확히 파악해야 한다.

이 장에서는 제4차 산업혁명이 어떻게 진행되어 왔으며, 그 결과로서의 미래 모습을 예측해 보면서, 이에 대한 대응 방안을 제시해 보고자 한다. 여기에서 다루는 미래의 모습은 단순히 기술적 변화에 대한 모습이 아니라 기술적 변화에 따른 인간의 삶과 가치관의 변화에 관한 것이다.

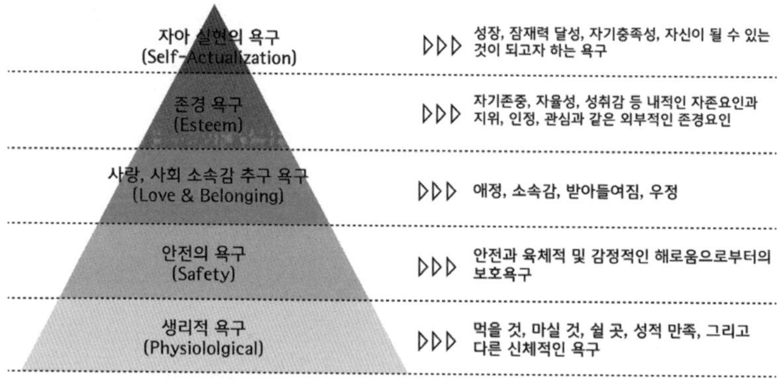

아브라함 매슬로우는 인간의 욕구 단계를 5가지로 분류하였다.

기술의 발전은 인간의 다양한 욕구를 해결하여 왔다. 인간은 하나의 욕구를 해결하면 거기에 만족하지 못하고 새로운 욕구를 분출한다. 에이브러햄 매슬로우(Abraham H. Maslow, 1908~1970)는 이러한 인간의 욕구를 옆의 그림과 같은 5단계로 분류하였다.

매슬로우에 따르면 인간 욕구의 첫 번째 단계는 가장 기본적인 욕구인 생리적 욕구이다. 여기에는 의식주, 성(性)과 같은 기본적인 삶에 필요한 것들이 포함된다. 생리적 욕구가 충족되면 두 번째 단계인 안전 욕구로 넘어간다. 이 욕구는 근본적으로 신체적 및 감정적인 위험으로부터 보호되고 안전해지기를 바라는 욕구이다. 세 번째 단계는 소속감 및 애정 욕구이다. 이 욕구로 인하여 인간은 집단을 형성하거나 어딘가에 소속되고 받아들여지기를 원한다. 또한 이성과 사랑에 빠지고 결혼을 하게 된다. 네 번째 단계는 자존에 대한 욕구이다. 자신의 능력에 대하여 자부심을 가지게 되고, 다른 사람들로부터 존경받기를 원한다. 그래서 집단 내에서 어떤 지위를 확보하려는 욕망이 생기게 된다.

이상의 네 가지 욕구는 '결핍 욕구'라고 불린다. 문자 그대로 무엇인가가 부족해서 오는 욕구이다. 결핍 상태는 긴장을 유발시키고 결핍이 충족되어야 긴장이 줄어든다. 긴장 상태가 오래 지속되면 몸과 마음에 병이 든다.

이러한 결핍 욕구들이 충족되면 가장 상위 단계에 있는 '자아실현의 욕구'로 넘어가게 된다. 이 욕구는 개인의 잠재력을 실현하는 것으로 개인이 느끼는 즐거움이 긴장을 유발하게 되고, 긴장 상태가 지속될수록 만족감도 커지게 된다.

이와 같은 매슬로우의 욕구이론을 적용하면, 제1차 산업혁명은 생존 유지를 위한 의식주라는 물질 욕구를, 제2차 산업혁명은 물질을 안정적으로 제공받게 함으로써 안정적 욕구를 충족시켜 줄 수 있었다. 제3차 산업혁명은 인터넷의 발달로 인하여 인간의 여러 단계의 욕구를 충족시켜 주고 있다. 사이버상에 여러 동아리를 만들어 사회적 연결 욕구를 해결하도록 해 주고 또한 사람들이 블로그, SNS를 통하여 자신을 표현하고 댓글을 통해 남들로부터 인정받기 원하는 욕구를 충족시킨다. 즉, 제3차 산업혁명을 통하여 인간의 결핍 욕구는 해소되고 있다. 이제 제4차 산업혁명은 많은 사람들이 자아실현의 욕구와 그 이상의 욕구를 해결할 수 있는 방향으로 나아가야 한다.

01 제4차 산업혁명의 진행 과정과 특징

제4차 산업혁명의 진행 과정

- 경제 위기 이후 독일의 제조업의 중요성 재인식
- 독일의 인더스트리 4.0 발의
- 전사적자원관리 필요
- 가상물리시스템 중요

제4차 산업혁명은 제조업에서 시작되었다. 특히 제조업 비율이 높은 독일은 2009년 경제 위기를 겪으면서 다시 한 번 제조업의 중요성을 깨닫게 되었다. 이에 따라 독일은 2011년에 인더스트리 4.0을 발의했다.

인더스티리 4.0은 증가하고 있는 개인 요구사항을 반영하기 위해 범기업적인 가치 창출 네트워크를 실시간으로 구축하는 것이다. 이는 시장 변화에 따라 유연하게 대응하면서 개인들의 요구를 충족시킬 수 있는 새로운 생산체계를 만드는 것이다. 이에 따라 각 부서가 아닌 회사 전체의 자원을 관리하는 전사적 자원관리(Enterprise Resource Planning)와 현실 세계를 컴퓨터와 네트워크로 제어할 수 있는 가상물리시스템(Cyber Physical System)[1)]이 중요해졌다.

제조업에서 시작된 제4차 산업혁명은 드론의 물류 활용, 스마트 자동차, 3D 프린팅, 바이오산업, 나노기술의 의료산업 등이 언급되면서 서비스 쪽으로 확대되고 있다.

이와 같이 제4차 산업혁명이 진행됨에 따라 그 결과는 인류가 지금까지 경험해 보지 못한 획기적인 수준으로까지의 변화를 낳을 것이라는 전망들이 나오고 있다. 그렇다면 제4차 산업혁명의 어떠한 특징이 이러한 변화를 가져올 것인가?

정보통신과 인공지능의 발전

- 정보화 혁명을 통한 초연결
- 클라우드 기술과 빅데이터 처리 방법의 발전
- 초지능의 가능
- 인공지능화 지향

제4차 산업혁명의 바탕은 정보통신기술의 발전에 있다. 제3차 산업혁

1) 로봇, 의료기기 등 물리적 실제가 가상세계의 소프트웨어 및 주변 환경을 실시간으로 통합하는 시스템

가상현실은 가상의 환경을 체험할 수 있게 만들어주고 있다.

명에서 발생하였던 정보화 혁명이 초연결을 가능하게 하였고, 초연결을 통한 클라우드 기술과 빅데이터 처리 방법의 발전으로 인하여 초지능이 가능해졌다. 따라서 제4차 산업혁명은 한마디로 정보화 혁명의 확장을 뛰어넘는 아날로그의 완전한 디지털화, 인공지능화를 의미한다. 디지털화를 뛰어넘어 인공지능화를 지향하기 때문에, 어디에서든지 모바일, 인터넷과 연결하여 기기를 조작하고 유익한 '정보'를 만들어 낼 수 있다.

가령, 의료 앱인 '카디오 버디(Cardio Buddy)'는 심장 박동 수를 재는 앱으로 스마트폰 카메라 기능을 활용해 얼굴색을 스캔한다. 건강 상태에 따라 얼굴의 색깔이 달라지는 현상, 즉 얼굴색의 변화를 감지해 즉시 심장 박동 수를 측정한다. 내 몸의 정보를 숫자로 감지해 자신의 건강을 지킬 수 있도록 한다.

이렇듯 제4차 산업시대는 일상 속의 변화를 가져오고 있다. 단순 기기를 인터넷과 연결하는 것이 아니라 기기 조작을 통해 우리에게 유익한 정보를 제공한다.

제4차 산업혁명이란 디지털 세계, 생물학적 영역, 물리적 영역 간의 경계가 완전히 허물어지는 '기술 융합'의 결정판을 일컫는 말이기도 하다. 세계경제포럼 회장인 클라우스 슈밥은 물리적 실체, 생물학적 존재와 디지털이 융합될 것이고, 이것이 제4차 산업혁명의 동인이라고 강조했다.

물리적 실체는 디지털에 의하여 어떤 특정한 환경이나 상황이 마치 실제 주변 상황이나 환경인 것처럼 보여 주는 가상현실(VR)로 변화되었다. 가상현실 세계는 현실 생활과 유사한 형태를 나타내기도 하고 판타지 속 세계를 나타내기도 한다. 이러한 가상현실 세계 속에서 사용자는 주로 아바타를 통하여 이동하고 소통한다. 현재 가상현실 세계는 게임에 가장 많이 활용되지만, 우주탐사, 로봇의 미션 등 다양한 분야에서 활용될 가능성이 높다.

필립 K. 딕의 소설 《도매가로 기억을 팝니다》를 1990년에 영화화한 《토탈리콜》을 보면 우주여행을 다녀온 것처럼 기억을 이식시켜 주는 여행사가 등장한다. 영화와 같은 기억의 이식까지는 아니더라도 가상현실을 이용하여 마치 현장에 있는 것과 같은 경험을 할 수 있도록 하는 기술이 곧 나올 것이다. 현재의 3D나 4D 극장은 감각의 일부만을 자극하는 것이지만, 모든 감각을 자극하는 기술도 등장할 것이다.

한편, 영화 《아이언맨》을 보면 인공지능 비서인 '자비스'가 등장한다.

주인공이 집안 어디에서나 음성으로 인공지능 비서 자비스에게 명령을 내리면 마치 수십 년 몸에 익은 집사처럼 일을 처리한다. 이러한 기능은 생소한 것이 아니다. 이미 스마트폰에는 구현되어 있으며 머지않아 모든 제품에 구현될 것이다.

이와 같은 기술을 누구나 누릴 수 있게 되는 제4차 산업혁명의 특징은 '초연결'과 '초지능'이라고 볼 수 있다.

초연결(hyper connectivity), **초지능**(super intelligence)

– 딥 러닝을 통한 인공지능의 발전
– 초연결과 결합된 스마트 로봇의 등장

'초지능'이란 인간의 지능을 뛰어넘는 인공지능을 말한다. 현재까지의 인공지능은 인간에게 가능한 모든 지적 업무를 수행할 수 있는 정도였다. 즉, 인간이 수행할 수는 있지만 인공지능을 통하여 빨리 처리할 수 있도록 하는 정도였다. 그래서 사람들은 인공지능이 바둑과 같은 경우의 수가 많은 스포츠에서는 인간을 이길 수 없을 것이라고 생각했다.

하지만 얼마 전에 은퇴를 선언한 '알파고'는 이세돌 9단에게 1패만 했을 뿐, 인터넷 바둑 사이트에서 신분을 감추고 한국 · 중국 · 일본 정상의 프로기사들과 맞붙은 정식 경기에서 모두 승리를 거두었다. 알파고와 같은 딥 러닝이 가능한 인공지능은 스스로 발전할 수 있기 때문에 초지능의 출현이 머지않아 등장할 것으로 보인다. 혹자는 100년 이내에 등장할 것이라고 내다보기도 하였지만, 2016년 '알파고'와 2017년의 '알파고'의 발전 속도로 보았을 때, 100년이 아니라 불과 몇 십 년 내에 나타날 것으로 예상된다.

인공지능이 창의력을 갖추지는 못할 것이라고 하지만 이미 소설을 창작하거나 음악을 작곡하는 인공지능도 등장했다. 스스로 판단하고 명령을 내릴 수 있는 자율적인 초지능과 제4차 산업혁명 시대에 또 다른 특징인 '초연결'과 결합된 로봇이 만들어진다면, 스마트, 네트워크, 자율성을 갖춘 로봇도 등장하게 될 것이다.

'연결'은 많은 것을 바꾸어 놓는다. 스마트폰은 인터넷과 연결된 전화기인데 스마트폰이 등장한 이후 우리는 많은 변화를 겪었다. 스마트 혁명이라는 말이 나왔을 정도이다. 그런데 이제는 전화기만 인터넷에 연결되는 것이 아니다.

사물이 인터넷에 연결되는 '사물인터넷'은 모든 사물이 연결된다고 해서 '만물 인터넷'이라고도 불린다. 지금도 적지 않은 사물이 인터넷에 연결되어 있다. TV도 스마트TV나 셋톱박스를 통해 인터넷에 연결되었고, 시계도 스마트워치를 통해 인터넷에 연결되었다. 사물이 인터넷에 연결된다는 것은 사물이 지능을 얻는다는 것을 의미한다. 사물 자체는 CPU나 메모리도 없는 단순 기기이지만 인터넷에 연결되기만 하면 클라우드에 있는 모든 데이터와 정보, 지능이 그 사물에 연결된다.

가장 대표적인 사례가 최근 각광받고 있는 인공지능 스피커이다. 아마존 에코는 기계적 측면에서 보면 그냥 마이크가 달린 스피커이다. 그러나 인터넷에 연결되었기 때문에 어마어마한 기기로 탈바꿈되었다.

초연결은 우리 삶의 많은 것을 바꾸어 놓고 있다.

아마존 에코는 아마존 클라우드에 있는 알렉사라는 인공지능 시스템과 연결되어 있다. 그 결과 아마존 에코는 인공지능 가정비서이자 홈오토메이션 시스템의 핵심 기기가 되었다. 앞으로는 모든 기기가 인터넷에 연결될 수 있고, 인터넷에 연결된 모든 기기는 아마존 에코처럼 인공지능 컴퓨터로 변신할 수 있다.

02 제4차 산업혁명이 인간에게 가져다줄 문제점

초연결, 초지능으로 인한 실업 불안감 증대

– 인공지능의 발전에 따른 실업률 증가 예측

– 인공지능의 전문직 수행 증가

초지능의 등장은 인간이 하고 있는 일을 인공지능이 대신하게 된다는 것을 의미한다. 현재 인공지능은 초연결을 통한 학습을 통하여 전문가가 수행하고 있는 영역까지 침범하고 있다. 영국의 옥스퍼드 대학은 변호사, 회계사, 법무사, 노무사, 의사 등과 같은 전문직도 사라지게 될 것이라고 예측했다.

현재에도 법률계와 의료계에서는 인공지능이 사용되고 있으며, 수요가 증가하고 있다. IBM에서 개발한 왓슨은 현재 우리나라에서도 길병원과 부산대병원에서 도입하여 사용 중이다. 왓슨은 지금 암 환자 진단, 유전정보 분석, 의료영상 판독, 임상시험 보조, 전자의무기록(EMR) 분석, 건강보험 적용 여부 심사 등의 일을 하고 있다.

초지능의 등장으로 실업에 대한 불안감이 증대하고 있다.

지난 2016년 박영숙 유엔미래포럼 대표는 2030년이 되면 정치도 인공지능이 할 수 있게 될 것이며, 부정부패 등과 같은 낙후된 정치 시스템을 바꿀 수 있게 될 것이라고 주장했다.

이와 같은 상황에서 인공지능이 인간의 모든 일자리를 빼앗게 될 것이라는 우려가 확산되는 것은 당연하다.

인간의 지능과 능력의 불균형 초래 가능성

- 인간의 지능과 능력 : 지성, 신체지능, 감성, 영성으로 구분
- 제4차 산업혁명으로 인한 4가지 지능의 불균형 초래 가능

앞에서 살펴본 바와 같이 제4차 산업혁명은 인간에게 편리함과 동시에 삶의 질의 향상을 가져올 것이다. 하지만 이러한 발전이 꼭 인간에게 유익하다고만은 볼 수 없다.

이미 언급했듯이 지난 3차에 걸친 산업혁명은 인류에게 결핍 욕구를 해결할 수 있도록 했다. 이제 제4차 산업혁명 이후에는 인간의 존재 욕구가 해결되어야 하는데, 이를 위해서는 인간의 지능과 능력이 균형을 유지하여야 한다.

기업 컨설턴트인 스티븐 코비(Stephen Covey, 1932~2012)는 인간이 가지고 있는 지능과 능력을 4가지로 구분하였고, 이를 인간의 보편적 욕구와 연결시켰다.

스티븐 코비가 제시한 인간의 보편적 욕구 중 첫 번째 욕구는 '성장과 발전의 욕구'로 인간은 지적 능력인 지성(IQ, Intelligence Quotient)으로 이 욕구를 해결한다. 두 번째 욕구는 생존을 위한 욕구로 인간은 신체지능(PQ, Physical Quotient)으로 이를 해결한다. 세 번째 욕구는 대인관계를 맺고 사랑을 하려는 욕구로 감성 지능(EQ, Emotional Quotient)으로 이를 해결한다. 마지막은 삶의 의미를 찾고 기여를 하려는 욕구로 영적 지능인 영성(SQ, Spiritual Quotient)로 이를 해결한다. 인간은 이러한 4가지 지능이 균형을 이루면서 어려운 환경들을 극복하여 왔다.

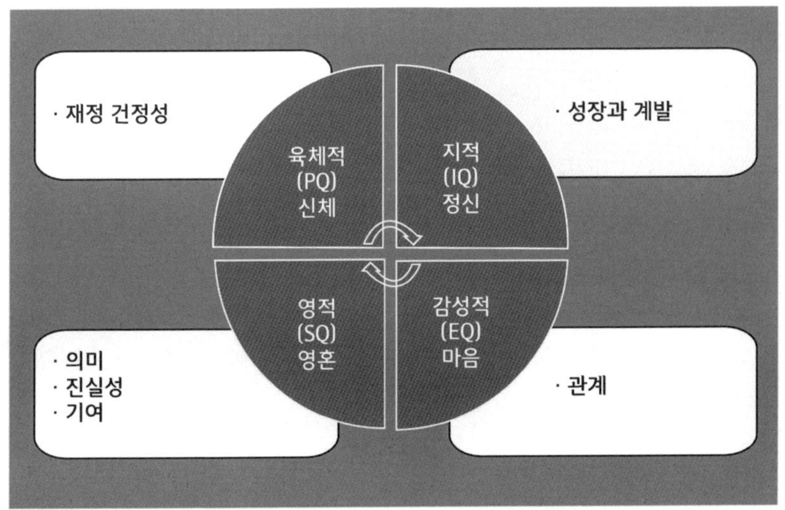

스티븐 코비는 인간의 지능과 능력을 4가지로 분류하였다.

하지만 제4차 산업혁명으로 인하여 이 4가지 지능의 균형이 깨어질 것이 우려된다. 그렇다면 제4차 산업혁명의 어떠한 점이 인간의 지능을 변화시킬 것인가?

초연결과 초지능에 의한 지성의 변화

- 초연결과 초지능으로 인한 지적 노력의 감소
- 단순 지식을 익히는 지능이 아닌 상황맥락 지능 개발 필요

일반적으로 인간은 지적인 욕구를 많이 가지고 있고, 이 지적인 욕구가 인류 사회를 발전시켜 왔다. 이제 제4차 산업혁명의 특징인 초연결과 초지능은 인간의 지적 욕구를 더욱 풍요롭게 할 것이다. 초연결과 초지능을 통하여 인간은 그동안 밝히기 어려웠던 것들을 더욱 빨리 알아낼 수 있으며, 밝혀진 정보를 어느 곳에서나 보고 알 수 있게 된다. 지금도 교실이나 강의실, 친구와의 만남, 세미나 등에서 상대의 말이 자신과 알고 있는 정보와 다를 경우, 바로 그 자리에서 스마트폰을 이용하여 정보의 사실 여부를 확인하는 사람들이 늘어나고 있다.

그러나 초지능의 발전은 인간 자신이 직접 배워서 얻어야 하는 지적인 노력을 줄어들게 만들 것이다. 이미 우리가 겪었던 몇 가지 예를 들어보자. 휴대폰에 전화번호를 저장하는 기능이 나오기 전까지 대부분의 사람들은 자신의 주변 사람들의 전화번호는 외우고 있었다. 10명 정도는 기본이고 50~60명의 전화번호를 외우고 있는 사람도 있었다. 하지만 휴대폰에 전화번호 저장, 단축번호 등록과 같은 기능이 나오면서 타인의 전화번호를 외우고 다니는 사람이 현재 얼마나 있겠는가? 또한 1990년대 중반까지만 해도 TV에서 퀴즈 프로그램은 인기 있는 프로그램 중 하나였다. 일반인이나 대학생 등이 출연하여 일반 상식에 대한 문제를 내면 그것을 맞히는 사람이나 팀이 우승 상금을 타는 방식이었다. 하지

스마트폰의 등장으로 쉽게 정보를 얻을 수 있게 되었다.

만 요즘 일반 상식을 머릿속에 넣고 다닐 필요가 있을까? 스마트폰으로 검색하면 필요할 때 어디에서든 모든 정보를 얻을 수 있는데 말이다.

현재 많은 의사들과 법률가들은 의사 혹은 판사나 변호사가 되기 위하여 법률을 외우고 많은 사례들을 검토하고 연구하고 있다. 하지만 인공지능이 발전하여 딥 러닝을 통하여 스스로 학습할 수 있게 되면, 환자 사례나 법률 사례에 대한 빅데이터는 인간보다 인공지능이 더 잘 다루게 될 것이다. 새로운 사례에 대한 발견과 연구도 인공지능이 담당하게 될 것이다. 그렇게 되면 의사나 법률가는 인공지능이 내린 결론을 가지고 중요 사안에 관하여 어떻게 처방을 하거나 선고를 내릴 것인지에 대해서만 고민을 하면 될 것이다.

따라서 제4차 산업혁명 이후에는 단순 지식을 익히는 지능이 아니라 상황맥락(context) 지능을 개발해야 한다는 주장이 나오고 있다. 상황 맥락에 대한 감각이란 새로운 동향을 예측하고, 단편적 사실에서 결과를 도출할 수 있는 능력과 자발성을 뜻한다.

인간 소외로 인한 감성 지능의 약화

- 기계를 통한, 기계와의 소통 증가
- 감성 지능 약화에 따른 사회성 약화 우려

무선 네트워크, 클라우드 기술, 사물인터넷으로 대표되는 초연결 사회는 인간에게 편리함을 가져다준다. 깊게 생각하지 않고, 약간의 움직임만으로도 사물을 조작할 수 있게 될 것이다. 추운 겨울날, 외출을 하기 위해 밖으로 나가 차에 시동을 걸어 미리 예열할 필요도 없이 스마트

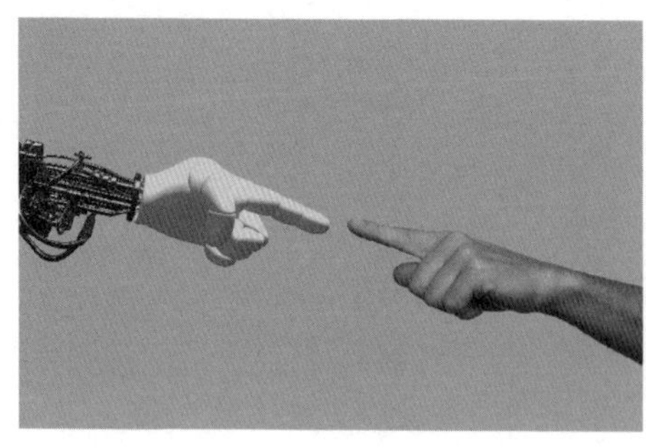

이제는 인간이 기계와 소통을 해야 하는 시대가 되었다.

폰으로 버튼만 누르면 차에 시동이 자동으로 걸리는 것은 이미 실용화되고 있다.

이러한 상황은 이제 인간과 기계가 소통을 해야 한다는 것을 의미하며, 상대적으로 인간과 인간과의 소통은 점점 줄어들게 될 것이라는 것을 뜻한다.

다시 병원을 예로 들어 보자. 지금까지는 의사와 간호사가 환자에게로 와서 상태를 점검하고 기분은 어떤지 물어보았지만, 곧 기계가 환자의 상태를 점검하고 맥박이나 신경 상태를 체크하여 환자의 기분을 실시간으로 중앙으로 보내게 될 것이다. 그렇다면 결국 의사와 환자와의 직접적인 소통은 줄어든다는 말이다. 현재를 살고 있는 우리도 상대방과의 직접 대화는 계속 줄어들고 있다. 즉, 직접적으로 상대방의 음성을 듣는 것이 아니라, 문자나 이미지를 매개로 하여 나의 상황을 상대방에게 알리는 것이 보편화되고 있다.

그러나 기계를 통한 문자나 이모티콘을 사용하는 소통은 미묘한 감정의 변화나 상대방의 심리를 알 수 없도록 만든다. 인간은 상대방과 대화를 할 때, 단순히 말만 주고받는 것이 아니라 목소리, 음성의 변화, 표정의 변화, 대화의 태도 등을 통하여 말로 표현되지 않은 많은 것들을 알아내고, 감정을 나눌 수 있다. 그러기 때문에 기계를 통한 소통, 기계와의 소통은 인간의 감성 지능을 약화시킬 것이다.

감성 지능은 인간이 사회성을 갖추는 데 중요한 역할을 한다. 앞으로는 로봇과 인공지능이 인간 노동의 많은 부분을 대신해 줄 것이기 때문에 대인 관계를 맺을 수 있는 시간은 늘어나겠지만, 반대로 이를 위한 인간의 감성 지능은 약화될 것이 분명하다.

개인화 심화에 따른 감성, 영성의 약화

- 프로슈머의 등장, 빅데이터 활용 기술, 사물인터넷의 발전에 따른 개인화의 심화
- 개인화는 사회성과 영성을 약화 시킬 우려

개인화(personalization)란 공급자가 소비자의 관심사, 과거 구매이력과 같은 개인 정보를 바탕으로 특정 고객에 맞는 마케팅과 제품, 서비스를 생산하는 것을 말한다. 개인화는 미국의 미래학자 엘빈 토플러가 《제3의 물결》에서 예언한 프로슈머[1)]가 실제로 등장하면서 더욱 심화되고 있다. 생산자이자 소비자인 프로슈머들의 증가는 대량 생산 시대의 종식을 앞당기고 있다. SNS와 개인미디어의 발달은 소비자가 경제의 주체가 되도록 만들었고, 3D 프린팅의 발전은 1인 생산 기업이 가능하도록 만들고 있다.

또한 빅데이터 활용 기술과 사물인터넷의 발전은 개인화를 심화시킬 것으로 예상된다. 기존의 데이터는 수동적 공유 및 단순 분석의 대상이었다. 하지만 현재의 빅테이터는 소비자들의 능동적인 공유, 상황 인식, 상황 정보에 기반한 실시간 분석과 예측을 쉽게 하는 기반이다. 이러한 데이터를 분석함으로써 개인화된 서비스와 상품 개발이 가능해진다.

사물인터넷 아이템들을 살펴보자. 현재 홍콩에 기반을 둔 해피랩스(HAPILABS)에서 개발한 해피포크(HAPIfork)는 음식 투입 속도, 포크 이

1) '생산자'를 의미하는 'producer'와 '소비자'를 의미하는 'consumer'의 합성어로 생산에 참여하는 소비자를 의미

기술의 발전으로 각 개인에게 적합한 서비스가 가능하게 되었다.

용 횟수 등을 측정한다. 이 측정된 데이터는 개개인의 체중 증가, 소화 불량, 역류성 식도염 등의 문제를 해결할 수 있도록 한다. 이외에도 많은 헬스케어 분야의 아이템들은 센서를 통해 개인화된 데이터를 파악하고 서비스를 제공한다.

최근 '스마트 팩토리'라는 용어가 등장하고 있다. 스마트 팩토리란 제조 단계서부터 디지털 자동화 솔루션이 결합된 정보통신기술을 적용하여 능동적으로 상황을 인지 및 판단하여 제조할 수 있는 방식을 말한다. 이러한 스마트 팩토리는 크게 두 가지 장점으로 제품의 개인화를 도울 수 있다.

먼저 사용자들이 제조 과정에 직접 개입하게 되면서 데이터의 추가와 변경이 가능해진다. 자신이 원하는 제품의 스펙, 외형, 옵션 등의 데이터를 제조 이전에 정할 수 있게 되는 것이다. 이미 대다수의 사용자가 웹, 모바일에 익숙한 상황에서 스마트 팩토리와 연동된다면 개인적인 주문도 쉬워진다.

두 번째로 하나의 생산라인에서 제품의 다양화를 추구할 수 있다는 점이다. 현재 제조 산업은 생산라인의 자동화 기계에 의존하고 있다. 하지만 각 기계들은 정해진 하나의 명령만을 수행하고 자체 컴퓨팅 기능이 없다는 한계를 지니고 있다. 반면 스마트 팩토리의 생산라인을 이루는 기계들은 컴퓨팅과 통신기능을 가지고 있다. 즉 관리자나 시스템에서 기계들의 상태를 체크함과 동시에 언제든 기계의 임무를 바꿔 줄 수 있다.

이러한 개인화의 발전은 결국 사람들의 사회성(감성, EQ)과 사회에 공헌하려는 영성(SQ)을 약화시킬 우려가 있다. 따라서 인간이 가지고 있는 능력의 불균형이 심화될 가능성이 높다.

03 제4차 산업혁명의 문제점 해결 방향

방향 설정 – 다수의 결핍 욕구 해결과 인간적인 가치 추구

- 제4차 산업혁명을 통한 획기적인 생산성 증대
- 다수의 결핍 욕구 해결
- 상위 단계 욕구인 자아실현을 위한 인간적인 가치 추구 필요

제3차 산업혁명까지의 기술 발전으로 인하여 생긴 결과물들을 아직 대다수의 사람들이 누리고 있는 것은 아니다. 어떤 기술적 결과물을 많은 사람들이 누릴 수 있게 되기까지는 적응을 위한 시간과 변화가 필요하기 때문이다. 하지만 제4차 산업혁명의 초연결과 초지능은 대부분의 사람들이 결핍 욕구를 해결하는 것을 빠르게 이루어 줄 수 있다.

앞에서 실업 문제에 대한 우려가 확산이 되고 있는 현실에 대하여 언급을 하였다. 하지만 현재 일자리에 대하여 논란이 되는 이유는 일자리를 잃음으로써 결핍 욕구를 해결하지 못하게 될 것을 우려하기 때문이다. 제4차 산업혁명이 생산성의 획기적인 증가를 가져올 것이라는 주장

에는 많은 사람들이 동의하고 있다. 따라서 생산성 증가에 따른 분배를 정부와 기업들이 해결해 준다면 지금과 같은 실업에 대한 우려는 사라지게 될 것이다.

따라서 현재 제4차 산업혁명을 준비하면서 우리가 생각해야 할 것은 이제는 정신적 충족을 어떻게 해야 할 것인가에 대한 문제이다. 즉, 현재 진행되고 있는 제4차 산업혁명은 많은 사람들의 결핍 욕구를 해결해 주면서, 그들이 자아실현의 욕구를 해결할 수 있는 방향으로 이끌어 주어야 한다.

사람들의 결핍 욕구가 기술에 의하여 해결될 수 있다면, 자아실현의 욕구를 해결하기 위해서는 무엇이 필요할까? 매슬로우는 자아실현에 성공한 사람들은 인간적인 가치를 추구하는 성향이 있다고 주장한 바 있다. 그는 이러한 인간적인 가치에는 진실, 선, 아름다움, 정의와 질서, 쾌활함, 독특함, 완벽함, 사려 등이 있으며, 이를 메타니즈(Metaneeds)라고 명명했다. 메타니즈는 자아실현의 추구가 개인적 차원을 넘어서 공동의 이익으로까지 발전하고 있다고 설명했다.

이러한 매슬로우의 주장에 따르면, 자아실현을 위해서는 인간적인 가치를 추구하여야 하며, 인간적인 가치들은 기술의 발전으로는 해결할 수 없는 것들이다. 따라서 자아실현을 위해서는 개인적인 노력이 필요하며, 그 결과가 개인의 차원을 넘어서 공동의 이익 혹은 공동선(共同善)에 이르기 위해서는 사회적인 변화가 필요하다.

자아실현을 위한 개인적 노력 – 목적의식을 통한 감성과 영성의 강화

- 진정한 행복을 위한 목적의식 함양
- 목적의식을 통한 자아실현의 욕구 충족
- 자아실현의 욕구 충족을 위한 사회성과 개인의 공헌 요구
- 인간 능력의 균형 유지

페이스북의 공동 설립자이자 회장 겸 CEO인 마크 저커버그는 인간에게 중요한 것은 목적의식이라고 주장한다. 여기서 목적의식은 우리가 우리의 필요를 위하여 우리 자신보다 더 큰 무언가의 일부가 되고자 하는 의식이며, 이러한 목적의식이 우리에게 진정한 행복을 가져달줄 수 있을 것이라고 저커버그는 말한다.

제4차 산업혁명에서 우선적으로 이야기되고 있는 것은 일자리가 줄어들 것이며 이로 인하여 많은 사람들이 소외되고 빈부의 차가 심화될 것이라는 것이다. 이는 제4차 산업혁명의 결과가 인류의 결핍 욕구를 해결

자아실현을 위해서는 목적의식이 필요하다.

해 주는 것이 아니라, 오히려 심화시킬 수도 있다는 것을 의미한다. 이렇게 인류 사회의 발전이 역방향으로 진행되지 않도록 하기 위해서는 사람들이 저커버그가 주장하는 목적의식을 가져야 한다.

저커버그의 주장은 앞에서 언급한 인간의 능력 중 감정(EQ)과 영성(SQ)을 강화시켜야 한다는 말과 일치한다. 목적의식이라는 것은 자아실현의 욕구를 충족시키기 위한 것이며, 매슬로우의 매타니즈, 즉 인간적인 가치를 추구하는 것이다. 이를 위해 무언가의 일부가 되기 위해서는 사회성(감성, EQ)을 키워야 하고 그 안에서 공동의 이익을 추구하기 위하여 개인의 공헌(영성, SQ)이 요구된다. 즉, 목적의식은 제4차 산업혁명의 문제점인 감성과 영성의 약화를 막아 줌으로써 인간 능력의 균형을 이룰 수 있게 해 주고 사회성을 잃지 않게 해 준다.

공동선을 위한 사회적 변화 – 가치 공유 자본주의로의 길

- 제1차 산업혁명 이후 자본주의의 국면 변화
- 확대된 생산성에 의한 부의 양극화 방지를 위한 새로운 국면의 변화 필요
- 공유가치를 기반으로 한 가치 공유 자본주의 창출 필요
- 점진적이고 자발적인 원칙들 중시

제1차 산업혁명 이후, 인류는 물질적인 것에 많은 가치를 두어 온 것이 사실이다. 산업혁명과 시민혁명은 자본주의라는 시스템을 낳았고,

오늘날까지 그 시스템이 유지되고 있다. 하버드 비즈니스 스쿨의 빌 조지(Bill George)는 자본주의를 네 가지 역사적 국면으로 나누고 있다.

그 첫 번째는 기업 자본주의(Entrepreneurial Capitalism)이다. 이 자본주의의 초기 형태는 기업의 구축이 전부였으며, 1800년부터 1940년대까지 지속되었다. 기업 자본주의 모델의 문제점은 확장성이 없으며, 기업 창립자 이외에는 기회 창출의 기회가 거의 없다는 것이다.

두 번째는 경영 자본주의(Managerial Capitalism)이다. 기술 지향적 형태(과정 중심)의 자본주의로서 1920년대부터 1980년대까지 유행했다. 조지는 경영 자본주의가 종종 너무 많은 경영자와 경영진의 자기만족을 초래한다고 지적했다.

세 번째는 금융 자본주의(Financial Capitalism)이다. 조지는 현대를 정크본드, 헤지 펀드 및 행동주의 투자자들 모두가 자기 자신만을 생각하는 금융 자본주의 시대라고 설명했다. 현 상태의 자본주의가 1975년경에 나타나 지금까지 지속되고 있는데 금융 자본주의는 99%의 비용으로 1%를 풍요롭게 하는 자기중심적 자본주의이다.

하지만 일자리가 감소하지만 생산성이 확대되는 사회에서 자본주의라는 시스템을 어떻게 유지할 것인가에 대하여 생각해 볼 필요가 있다.

만약 제4차 산업혁명 이후에도 완전 자유시장 원리에 내버려 둔다면 엄청난 사회 혼란이 생길 것은 자명하다. 생산성은 폭발적으로 확대되지만, 사회적 가치를 위한 투명조세가 이루어지지 않거나, 민간 부분의 또 다른 사회가치, 즉 자발적 기부문화가 확대되지 않으면, 소수에게만 이익이 쏠리는 부의 양극화가 더욱 심화될 것이다. 즉, 앞에서 언급한 제4차 산업혁명이 지향해야 할 방향성이 역으로 진행될 것이다. 따라

올바른 사회 발전을 위해서는 가치를 함께 공유해야 한다.

서 심화될 양극화로 인한 사회혼란을 예방하는 차원에서 앞으로는 빌 조지가 제시하는 네 번째, 즉 가치 공유 자본주의(Shared Value Capitalism)로 나아가는 것이 불가피해 보인다. 가치 공유 자본주의의 목표는 고객, 소비자, 고용인, 소유자 및 투자자를 비롯한 모든 이해 관계자들뿐만 아니라, 지방 정부 및 사회를 위한 가치 창출이다.

하버드 비즈니스 스쿨의 마이클 포터와 FSG의 공동창업자 마크 R. 크레이머는 2006년에 공유가치창출(CSV: Creating Shared Value)이라는 용어를 처음 사용하였다. 공유가치창출이란 경제 · 사회적 조건을 개선시키면서 동시에 비즈니스 핵심 경쟁력을 강화하는 일련의 기업 정책 및 경영 활동을 의미한다.

기업이 공유가치를 창출하기 위해서는 다음과 같은 세 가지 조건을 충족해야 한다.

첫째, 제품과 시장에 대하여 새로운 방식으로 생각(reconceive)해야 한다. 기업은 시장에 더 나은 서비스를 제공하거나 새로운 시장을 창출하거나 혁신을 통해 비용을 낮춤으로써 사회적 요구를 충족시킬 수 있다.

둘째, 가치사슬의 생산성을 재정의(redefine)해야 한다. 기업은 필수 천연 자원에 대한 감시인으로서 활동하고, 경제와 사회 발전을 촉진시키면서 자원 투입과 분배의 양과 질, 비용 및 신뢰 등을 개선할 수 있다.

셋째, 지역 클러스터(local cluster)를 구축해야 한다. 기업은 사회와 동떨어져 혼자 영업 활동을 하지 않는다. 기업이 경쟁력을 확보하고 사회와 함께 성장하기 위해서 기업은 믿을 만한 지역 공급업체, 도로와 통신과 같은 인프라, 재능 있는 인력, 효과적이고 예측 가능한 제도 등과 함께 클러스터를 구축해야 한다.

이러한 공유가치를 기반으로 한 가치 공유 자본주의로 나아가기 위해서는 많은 사람과 함께하기 위한 점진적, 자발적 원칙이 중시되어야 한다. 정부의 정의 과세의 실천, 자발적 기부 문화 확대, 한 단계 더 높은 욕구를 충족하고자 하는 노력들이 새로운 일자리 창출 에너지가 될 것이다.

04 올바른 사회 변화를 위한 대응 방안

개인, 기업, 국가의 역할

- 개인의 역할 : 관심 있는 일 발견, 타인과의 협력관계 연결
- 기업의 역할 : 이윤과 동시에 공공가치 추구
- 국가의 역할 : 공평한 조세 정책, 개인의 기본적 삶 보장, 시대에 맞는 평생 교육 제공

거대한 사회 변화에 대응하기 위해서는 개인, 기업, 국가 차원의 노력이 필요하다. 개인과 기업은 창의성과 사회성을 양성하는 것에 집중해야 하며, 국가는 양극화 방지를 위해 지원하고 균형을 유지하기 위하여 노력해야 한다.

제4차 산업시대의 노동은 단지 돈을 벌기 위한 것이 되어서는 안 된다. 일은 자기 계발과 연관되어야 한다. 자기 계발은 자아실현을 위해 필요한 것이고, 자기 계발을 위해서는 개인의 창의성이 중요하다. 창의성을 개발하기 위해서는 각자 모두가 소중하다는 것, 누구에게나 자신만

의 재능이 있다는 것을 인지하여야 한다. 고대 아테네 민주정의 특징은 제한적인 시민권을 가지고 있기는 했지만, 아테네 시민은 재산이나 신분과는 상관없이 누구나 고유한 재능이 있다는 것을 인정한 것이었다. 따라서 정치, 철학 및 다양한 학문과 예술, 문학이 발전할 수 있었다.

개인은 자신이 재미있어 하고 열정을 가지는 일이 있다는 것을 확신하고, 이를 다시 재발견하고 재정리할 필요가 있다. 이를 위해서는 현재 자신의 상황을 분석해야 한다. 그러기 위해서는 끊임없는 자신과의 대화가 필요하다.

다음으로는 타인과의 소통을 통하여 공감과 협동을 이루어 자신과 다른 사람들과의 공통분모가 무엇인가를 찾아야 한다. 자신의 일이 다른 사람과의 협력관계로 연결될 수 있는 것이 무엇인지, 그것이 의미 있는 일로 확장될 수 있는 것이 무엇인지, 이를 더욱 확장하여 사회 전체에 기여할 수 있는 것이 무엇인지를 찾아야 한다. 이를 통하여 자신의 목표와 목적을 세워야 한다. 이를 수행하다 보면 다양한 커뮤니티에 참여하게 될 것이고, 결국 개인의 사회성으로 확장될 수 있다.

기업의 역할과 목적도 바뀌어야 한다. 현재 기업 또는 회사는 이윤 추구를 목적으로 하는 단체로 정의되고 있다. 하지만 이제는 이윤과 동시에 가치를 추구하는 단체로 재정의되어야 한다. 개인에게는 창의성을 발휘할 수 있는 기회를 주고, 사회적으로는 공공가치를 추구하는 기업이 되어야 한다.

국가는 조세 정책을 잘 활용하여 개인의 기본적인 삶을 보장하고, 기업들이 자발적으로 타기업과 공유할 수 있도록 지원을 하여야 한다.

이러한 개인의 창의성과 사회성을 위해서는 가정이나 학교의 교육은 집단적으로 일률적인 지식을 가르치는 것이 아니라 개인의 창의성 개발을 돕고 사회성을 키우는 방향으로 바뀌어야 한다. 그리고 기업이나 국가는 개인에게 지속적인 교육을 받을 수 있도록 평생교육의 기회를 제공하여야 한다.

이러한 사회가 만들어진다면 최근 대두되고 있는 긱 경제(Gig Economy)를 통하여 사람들이 자신의 창의성을 발휘함으로써 자아실현을 할 수 있는 다양한 길이 열릴 것이다. 긱 경제란 필요에 따라 사람을 구해 임시로 계약을 맺고 일을 맡기는 형태의 경제 방식을 말한다. 원래 '긱'이란 용어는 1920년대 미국 재즈 공연장 주변에서 연주자를 섭외해 짧은 시간에 공연에 투입한 데서 비롯되었다. 하룻밤 계약으로 연주한다는 뜻이 담겨 있다. 이후 1인 자영업자로 기업과 단기간 계약을 맺고 일한다는 의미로 확장됐다.

긱 경제의 장점은 다음과 같은 3가지로 요약될 수 있다. **첫째**, 필요에 따라 일하고 능력대로 분배받는 시스템으로 인하여 일의 효율성이 높아질 수 있다. **둘째**, 많은 사람들이 자신이 보유한 기술과 능력에 맞는 일자리를 확보하게 되면서 일자리 시장이 활성화되는 효과를 가져올 수 있다. **셋째**, 정규직의 일자리를 구하지 못한 실업자나 낮은 연봉의 직장인들이 부업 형식으로 돈을 벌 수 있다.

이상과 같이 개인의 창의성이 사회성을 통해 다른 사람들과 연결되어 가치를 창출하는 사회를 만들기 위해서는 인간의 감성(EQ)을 개발하여야 한다. 2000년대 중반 이후 '감성'이라는 단어가 사회에 널리 사용되고 있다. 감성 사회, 감성 마케팅, 감성 리더십 등 감성의 중요성이 점점 커지고 있다. 감성의 개발은 상황맥락 지능과 연결되어 창의성 개발과 연결이 되기도 하지만, 그 자체로도 사회성 개발과 연관된다. 개인적 차원에서 나와 타인을 연결하는 것이 감성이고, 회사 내에서 타인과의 관계를 위해 필요한 것이 감성이다.

감수성은 소극적 감수성과 적극적 감수성으로 분류할 수 있다. 우선, 소극적 감수성은 남에게 피해가 되지 않도록 노력하는 것이다. 이를 위해서는 소통과 공감이 필요하다. 적극적 감수성은 남에게 피해가 되지 않는 노력을 넘어 남의 필요를 채워 주고자 하는 노력이다. 이를 위해서는 소통과 공감 이외에 협동이 필요하다. 문제의 단기적 해결뿐만 아니라 장기적, 근본적인 해결을 위해서는 시간과 재정이 함께하는 '함께의 가치'를 이루어야 하는데, 여기에는 자발적 공유가 필요하다.

그렇다면 어떻게 공감과 협동, 공유를 이끌어 낼 수 있을까? 우선 나

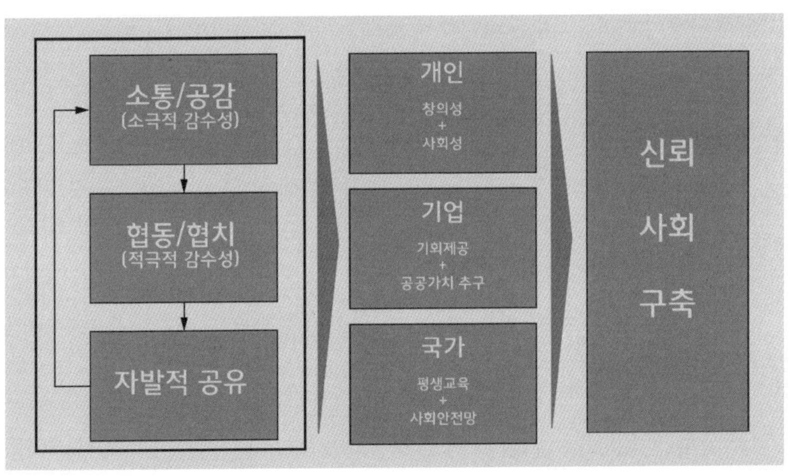

인간의 감성적인 능력을 기반으로 신뢰사회를 구축하여야 한다.

의 것이 타인의 필요를 채울 수 있는가를 점검함으로써 공감을 이끌어 내고, 나의 것과 타인의 것을 연결하여 더 큰 것을 만들 수 있는 것을 찾음으로써 협력을 이끌어 낼 수 있다. 그리고 더 큰 가치를 만들어서 함께 나눠줄 수 있는 자발적 마음을 개발하면 공유가 이루어질 수 있다. 이러한 노력을 반복적으로 한다면 인간성 사회에 핵심적으로 필요한 사람과 사람 사이의 신뢰가 확장될 것이다.

창의성과 사회성 개발을 위한 교육의 방향

- 가정 교육 : 모범, 소통, 가치 공유, 신뢰 형성
- 학교 교육 : 창의성 개발, 협동 및 협치, 경험의 확대
- 기업 교육 : 기업 전체와 구성원들 간의 지속적인 소통과 공감, 협업 시행, 지속적인 사내, 사외 교육 실시
- 국가적 차원의 교육 : 끊임없는 교육 기회 제공

창의성과 사회성 개발을 위해 가정, 학교, 기업, 국가가 해야 할 교육의 방향은 다음과 같다.

첫째, 가정에서는 부모가 우선 자신이 즐겁게 할 수 있는 것을 찾아 하는 노력을 함으로써 자녀들에게 모범을 보이고, 자녀들의 창의성을 개발하는 데 도움을 주어야 한다. 부모와 자녀들 간에는 소통과 공감, 협동, 가치 공유가 이루어져야 하며, 이를 통하여 신뢰가 형성되

어야 한다. 이를 위해서는 부모들이 평생교육을 받아 끊임없이 자기 계발을 해야 한다. 기술이 발전함에 따라 자녀들이 부모들을 무시하는 경우가 많이 나타나는데, 이는 자녀들이 부모가 자신보다 모르는 것이 많다고 생각하는 경우가 많기 때문에 나타나는 현상이다. 부모는 평생교육을 통하여 지속적으로 지식을 익히고, 부족한 지식을 지혜로 보충하며, 자녀와 공감하도록 꾸준히 노력해야 한다. 자녀들도 부모의 지혜를 인정하고 부모와의 소통을 통하여 서로 공감할 수 있도록 노력하여 신뢰를 만들어 가야 한다.

둘째, 학교에서는 개인의 창의성 개발과 타인과의 협동 및 협치를 이룰 수 있는 방법과 방향성을 제시해야 한다. 그리고 학생들에게 지식보다는 경험을 확대할 수 있는 장을 여러 분야로 넓혀야 한다. 이를 위해서는 교육자들도 평생교육을 통하여 끊임없이 배우도록 해야 한다.

셋째, 기업은 기업의 목표를 제시하고 구성원들 개인의 목표와 기업의 목표가 같은 방향으로 갈 수 있도록 최선을 다해야 하며 또한 구성원들에게 함께 갈 수 있도록 충분한 기회와 시간을 주어야 한다. 이를 위해서는 기업 전체와 구성원들 간의 지속적인 소통과 공감, 협력이 이루어질 수 있도록 해야 한다. 직장은 구성원들에게 지속적인 사내, 사외 교육을 통해 개인의 장점이 확장되고 연결될 수 있도록 해야 한다.

넷째, 국가 혹은 사회는 은퇴자를 포함한 모든 국민이 자신의 재능을 찾고 재점검할 수 있도록 끊임없이 교육의 기회를 제공하여야 한다. 은퇴자에게도 자신의 기술을 다른 것과 융합하여 새로운 창의적인 것이 나올 수 있도록 지원할 수 있는 방안을 마련하여야 한다. 이를 위하여 소통과 공감, 협치, 공유의 정신으로 서로간의 신뢰의 장을 만들 수 있도록 하여야 한다. 그리하여 사회 전반에 소외되는 사람이 없는지, 개인이나 기업들 간에도 자발적인 공유의 정신이 펼쳐지고 있는지, 국가는 이를 이중·삼중으로 살피는 제도적 사회적 분위기를 이끌어 내야 한다.

05 사회 변화를 위한 선도적 리더 그룹의 필요성

- 사회성과 공유가치를 창출할 수 있는 기업 지원
- 창의적 리더가 중심이 된 가치 공유
- 개인의 창의성의 사회적 발전
- 인간성이 중심이 되는 미래 사회 건설

사회 변화를 위해서는 선도 기업의 모델과 리더십이 필요하다. 앞에서 언급한 페이스북의 CEO인 마크 저커버그가 대표적인 예이다. 이렇게 목적이 분명하고 사회성이 강조된 창의적인 기업에 대한 전폭적인 지원이 필요하다.

창의성과 사회성의 통합의 예로 마크 저커버그를 살펴보자. 창의성 측면에서 **첫째**, 자신의 것 찾기와 확장(자신 내면과의 소통과 공감)에서 그는 자신의 개성과 재능이 컴퓨터 사이언스임을 찾아냈다. 그리고 그에게는 그의 개성과 재능, 열정을 이해한 평생의 반려자 아내 프리실라와 어려운 때에 친구가 된 동업자 KX Jin이 있었다. 저커버그와 KX Jin은 기숙사에서 하버드 커뮤니티를 연결하는 데 매우 흥미를 느꼈고, 언젠가는

다양한 사회변화 속에서 올바른 방향을 제시하는 리더가 필요하다.

자원이 풍부한 대기업 누군가가 온 세상을 연결할 것이라 생각했고, 이를 자신의 삶의 목표로 삼았다. 그리고 이 목표를 실현하기 위해 한 걸음씩 매일 전진해 나아갔다.

이러한 목적의식은 사회성 측면에서 소극적 감수성과 연관된다. 사회적 소통과 공감에 있어서 저커버그의 생각은 다음과 같은 그의 말들에서 알 수 있다.

"우리 자신만이 목적을 갖는 것으로만 만족하면 안 된다. 다른 사람들도 목적의식을 갖도록 도와주어야 한다…. 이 세상의 모든 이웃에게 목적의식을 갖도록 도움이 되어야 한다…. 케네디 대통령이 미 항공 우주국 수위와 대화를 한 적이 있다. 대통령이 '무슨 일을 하는가?' 하고 묻자 그는 '인간을 달에 도착하도록 돕는 일을 하고 있다.'라고 대답했다.

목적은 우리가 우리 자신보다 더 큰 부분의 일원이라는 것, 우리가 필요하다는 것, 우리에게 앞으로 더 좋은 것이 있다는 의식이다. 그래서 목적은 진정한 행복을 만들어 낸다."

창의성 측면에서 볼 때, 친구이자 동업자인 KX Jin과 관심사가 겹치는 영역에서 함께 초연결 커뮤니티를 형성해 나가고자 했던 저크버그의 꿈(타인과의 소통, 공감, 협동)은 결과적으로 페이스북이라는 회사를 만들어 냈다. 그러나 그는 자신의 꿈이 회사를 만드는 것이 아니라 사회에 선한 영향을 주려는 것임을 분명히 했다. 대형회사가 페이스북을 매입하고자 한 적이 있었는데, 그때 대부분의 사람들은 그에게 고가에 회사를 팔도록 권하여 매우 힘든 시간을 보낸 적이 있었다. 하지만 선한 영향을 끼치고자 하는 분명한 목적의식이 있었기에 그는 이 시기를 버틸 수 있었다.

이러한 그의 경험을 사회성 측면의 적극적 감수성(소통, 공감, 협동, 공유)에서 바라보면, 저크버그는 수많은 사람들이 자신과 같이 분명한 꿈과 아이디어를 가지고 있을 텐데 다른 사람들이 해야 된다고 생각하지 말고 이를 자신이 직접 해 보도록 할 가치가 있다고 말했다. 그는 모든 사람들이 목적의식을 가질 수 있는 3가지 방법을 제시했는데, 그 **첫째**는 함께 큰 의미 있는 프로젝트를 실행할 것이며, **둘째**, 모든 사람들이 목적의식을 추구할 수 있는 동등한 자유를 주는 것이고, **셋째**, 목적의식은 단지 일에서만 오는 것이 아니라, 커뮤니티를 만들면서 생긴다고 하였다.

저커버그와 같은 사회성과 공유가치를 창출할 수 있는 창의적 리더와 그러한 기업을 사회적으로 적극적으로 지원해서 인간의 창의성이 사회적으로 확장될 수 있는 사회를 만들어야 한다. 이를 위해 국가는 시민들이 최소한의 생활을 영위할 수 있도록 보장하는 리더십과 신뢰감을 갖추며, 선도 기업의 지원과 선순환이 될 수 있도록 사회적 합의를 이끌어 내야 한다.

사회적 가치 추구라는 목적의식을 가진 창의적 리더가 중심이 되어 가

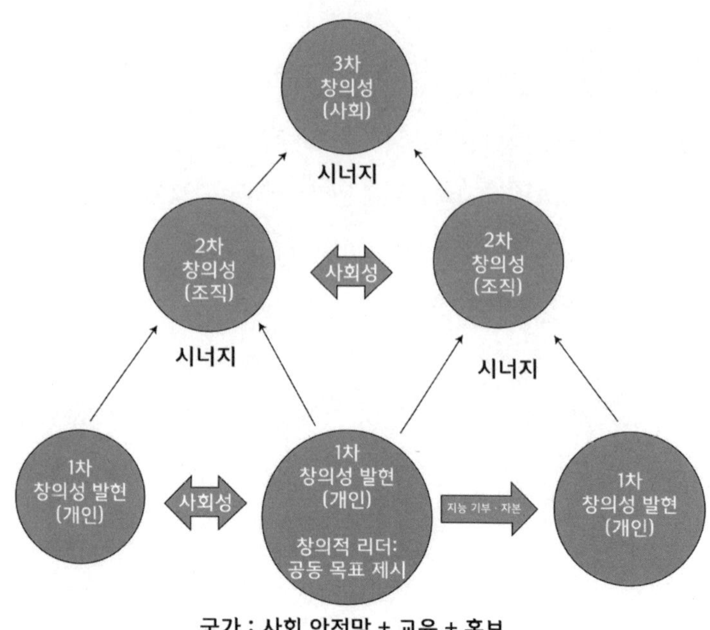

창의적 리더의 창의성과 사회성, 가치 공유 목적의식으로 창의적인 사회가 실현된다.

치를 공유하고 이를 통하여 개인의 창의성이 사회적으로 발전할 수 있다면 인간성이 중심이 되는 미래 사회를 만들 수 있다. 그러기 위해서는 윤리적 가이드라인을 제시하여 사회적 협의를 이끌어 내고, 세대 차이도 포용성으로 극복해야 한다. 즉, 기성세대는 신세대를 응원과 지원으로, 신세대는 기성세대를 소통-공감-공유로 포용하여야 한다.

결론적으로 이 어마어마한 제4차 산업혁명의 파고가 어차피 불가피하다면 부정적 시각을 가지고 피하고 두려워 하기보다는 도리어 이 기회를 더 편리하고 좋은 사회로 전환할 수 있는 기회로 생각하자. 그래서 개

이제는 "함께의 사회"를 실천해야 한다.

인, 기업, 국가가 함께 서로를 살피면서 부족한 부분을 서로 보완해서 "함께 하는 사회"를 실천하면서 새롭게 도약하는 사회를 만들어 가도록 하여야 할 것이다.

CHAPTER 4

제4차 산업혁명 시대의 인재상

역사적으로 시대에 따라 사회가 요구하는 개인의 능력들이 변화하여 왔고, 이에 따라 교육이 바뀌어져 왔다. 신석기혁명을 거치면서 신관, 관리, 서기 등과 같은 직업들이 생기면서 문자를 읽고 쓸 수 있는 능력이 중요해졌고, 관리제도가 정착되면서 사회의 이념에 맞는 덕목을 갖춘 관리를 배출하는 것이 중요했던 시절도 있었다. 유럽이나 아시아에서 대학을 포함한 고등교육 기관이 생겨난 이유는 법, 제도, 이념 등을 가르쳐서 사회가 요구하는 관리를 양성하기 위함이었다. 하지만 농업, 상공업 계층은 대를 물려 기술을 전수받는 것이지 따로 교육을 할 필요가 없었다.

하지만 시민혁명이 일어나고 노동자가 중요해지면서 많은 노동자들에게 산수나 언어, 윤리와 같은 기본 소양을 가르쳐야 할 필요가 생겨났다. 그래서 국가는 국민교육 혹은 의무교육을 통하여 전 국민이 교육을 받을 수 있도록 하였다. 민족주의가 팽배하던 시기에는 국사, 국민문학 등이 중요한 과목이 되기도 하였다.

제4차 산업혁명 시대에는 기술, 산업구조 측면의 변화와 고용 구조. 일자리 노동시장이 변화하고, 이에 따라 사회의 모습이 변화할 것이기 때문에 사회가 필요로 하는 개인의 능력이 새롭게 바뀔 것이다. 이번 장에서는 인재상이란 무엇이며, 지금까지의 인재상이 어떻게 변화하여 왔고, 제4차 산업혁명 시대를 맞이하여 요구되는 인재상에 대하여 살펴보고자 한다.

01 인재상이란 무엇인가?

인재상의 정의

- "한 조직이 추구하는 바람직한 인재의 모습"
- 인재상은 시대의 변화, 경제환경의 변화, 사회문화적 환경의 변화, 기술적 환경의 변화에 따라 변모

인재상이란 "한 조직이 추구하는 바람직한 인재의 모습"이라고 정의할 수 있다. 21세기 경쟁 환경에서 한 조직이 경쟁우위를 확보하고 유지하려면 타 조직에서 쉽게 모방할 수 없는 그 조직 고유의 차별화된 핵심역량(core competency)을 가져야 하며, 이 핵심역량의 원천이 사람(people)이므로, 조직이 경쟁우위를 확보하고 고유의 핵심역량을 확보하기 위해서는 고유의 인재상이 있어야 한다.

인재상은 시대의 변화, 경제 환경의 변화, 사회문화적 환경의 변화, 기술적 환경의 변화에 따라 새롭게 변모하고 진화한다. 특히, 우리 앞에 전개되고 있는 21세기 미래 사회가 어떻게 변화될 것이며, 우리의 의식

과 사고 그리고 생활양식이 어떻게 변혁될 것인가에 대한 관심과 예측은 개인과 기업 그리고 국가 차원에서도 매우 중요한 의미를 지닌다. 왜냐하면 개인과 조직 그리고 국가는 사회변화상에 맞추어 전략적인 대응을 해나감으로써 스스로의 경쟁력을 갖추어야하기 때문이다. 따라서 조직이 바라는 인재상은 미래 사회의 변화에 대해서 예측 · 예견하여 봄으로써 그에 부합되는 인재상(right people)을 도출할 수 있다.

인재상의 변화

- 제2차 산업혁명 시대 : 순응적이고 긍정적 마인드 소유
- 제3차 산업혁명 시대 : 전문성, 글로벌 비즈니스 감각 및 의사 소통 능력, 지속적인 자기개발

한국 사회가 시대와 환경의 변화에 따라 인재상이 어떻게 변화해 왔는가를 살펴보는 것은 미래 산업혁명시대의 바람직한 인재상을 도출하는데 의미 있는 시사점을 제공해 준다. 이러한 의미에서 20세기 산업화 시대의 인재상과 21세기 초 디지털 시대의 인재상을 비교해 보자

산업화를 특징으로 하는 제2차 산업혁명 시대, 즉 한국의 과거 20세기에는 성실근면하고 인간관계가 원활하며 인내심, 책임감, 협조성이 강하고 추진력이 강한 인재 등 주로 변화에 수동적으로 대응하는 순응형과 긍정적 마인드의 인재가 경쟁력이 있고 조직에서 필요로 하는 바람직한

인재의 모습이었다.

해방 후 짧은 기간 반세기 동안에 세계 12위의 경제대국으로 우리나라가 비약적인 성장을 하는데 있어서는 '할 수 있다'는 강한 신념과 추진력을 바탕으로 특유의 기업가정신으로 무장한 가운데 전후 한국 경제를 선도해 왔던 우리나라 주요 대기업의 창업주 1세대 기업인들의 노력과 성과에 힘입은 바가 크다.

반면에 정보화와 지식기반 사회, 글로벌화를 특징으로 하는 제3차 산업혁명 시대에는 유연한 사고와 창조적인 아이디어를 가지고 자기 업무

[표 4-1] 시대별 인재상의 변화

구분	인재상
과 거 (20세기)	1. 성실, 근면하고 부지런한 인재 2. 인간관계가 원만하고 협조적인 사람 3. 인내심이 강하고 높은 책임감을 가진 사람 4. 추진력이 강하고 목표달성에 저돌적인 사람 5. 말보다는 행동으로 실천하는 사람 6. 맡은 업무에 정성을 다하는 사람
현 재 (21세기 초)	1. 자기 업무의 전문성을 가진 사람 2. 창조적 아이디어가 풍부한 사람 3. 진취적이고 도전적인 사람 4. 국제적 감각을 갖춘 글로벌 인재 5. 변화에 유연하게 사고하고 대응하는 사람 6. 끊임없이 자기계발을 하고 학습하는 사람
미 래 (제4차 산업혁명 시대)	?

분야에서 전문성을 가진 글로벌 전문 인재, 글로벌 비즈니스감각과 의사소통능력을 가지고 지속적으로 자기개발과 학습을 실천하는 사람이 조직에서 각광받고 필요로 하는 시대가 된 것이다.

그렇다면 제4차 산업혁명시대에 미래 사회가 새롭게 요구하는 바람직한 인재의 모습은 무엇이며, 이들은 어떤 핵심역량(core competency)을 가져야 할 것인가를 알아보자.

인재상의 영역

- 역량의 개념 활용
- 리더십, 전문직무, 공통기본역량으로 구분

앞으로 다가올 미래, 제4차 산업혁명 시대의 인재상을 보다 체계적으로 알아보기 위해서 역량(competency)의 개념을 활용하기로 한다. 역량이란 어떤 특정 직무 분야에 있어서 높은 수준의 성과를 안정적으로 그리고 지속적으로 발휘할 수 있는 능력과 행동 특성을 의미하며 지식(knowledge), 기술(skill), 태도(attitude)의 3가지 영역으로 나누어 기술될 수 있다. 역량의 개념과 정의에 기반하여 다음과 같이 인재상을 3가지 역량 분야로 구분하여 제시하고 설명하기로 한다.

[표 4-2] 영역별 인재상

구분 (영역)	인재상
리더십 역량 (leadership competency)	1. 수평적 리더십 2. 소통과 공감의 리더십
전문직무 역량 (functinal competency)	1. 기술과 인문학의 융합 2. 문제해결능력 3. 네트워크 인재 4. 컴퓨팅 사고
공통기본 역량 (foundation competency)	1. 창의적 인재 2. 소통 3. 콜라보레이션(Collaboration)

02 제4차 산업혁명 시대의 인재상 1 : 공통 기본 역량

창의적 인재

- 문제를 발견하고 해결하는데 있어서 요구되는 고차원적인 사고와 인지능력을 가진 인재

제4차 산업혁명 시대로 명명되는 미래 사회는 창의적 인재를 필요로 한다. 창의적 인재는 창의적 사고를 가진 인재를 말하며 창의적 사고(creative thinking)란 문제를 발견하고 해결하는 데 있어서 요구되는 고차원적인 사고와 인지능력이라고 볼 수 있다. 즉, "창조는 이미 존재하는 것들의 편집"이라는 김정운 박사의 주장처럼 창의적 사고란 주어진 문제를 해결하기 위해 기존의 정보들을 문제 해결을 위해 새롭고 다각적으로 활용하는 사고방식을 의미한다.

이러한 창의적 사고는 '문제 해결 과정'과 '통찰'이라는 두 가지 측면에서 그 의미를 탐색할 수 있다. 먼저, 문제 해결 과정의 측면에서 창의적 사고란 '문제의 이해 〉 해결 방안 모색 〉 해결 방안 개발 및 실행'과 같은

문제 해결 절차를 의미한다. 그리고 각 문제 해결 절차마다 발산적 사고와 수렴적 사고의 과정이 포함된다. 발산적 사고란 기존의 지식과 정보 속에서 새로운 종류의 지식과 정보를 탐색하는 과정이라고 할 수 있다. 즉, 당면한 문제를 해결하기 위해서 기존의 도구로부터 새로운 방안을 개발하는 과정이라고 볼 수 있다. 이에 반해, 수렴적 사고란 정리되어 있지 않은 자료나 도구들을 정리하고 통합하여 하나의 전체적인 형태 또는 구조를 만들어 내는 것이라고 볼 수 있다. 발산적 사고가 아이디어를 내는 과정이라고 본다면 수렴적 사고는 아이디어를 실제로 문제 해결에 유용하도록 개선하는 과정이라고 볼 수 있다.

흔히 우리 주변에는 창의적 사고란 창의성을 타고난 사람들이 하는 생각, 일상생활과 동떨어진 특별한 것으로 오해하는 사람들이 있다. 하지만 창의적 사고는 삶 속의 다양한 문제에 직면했을 때 이를 해결하려는 인간의 자연스러운 능동적 태도이다. 단지 기존의 방법이 아닌 새로운 방법으로 문제를 해결하려고 한다는 점에서 일상의 문제 해결 태도와 그 차이가 있을 뿐이다. 예를 들어, 한때 우리나라는 쓰레기 문제로 골치

쓰레기 종량제와 같이 단순하지만 새로운 문제 해결 방식이 큰 효과를 낼 수 있다.

를 썩은 적이 있다. 아무리 쓰레기 줄이기 캠페인을 비롯해 미디어를 통해 암울한 미래를 보여 주며 협박을 해도 줄지 않는 쓰레기 처리 문제는 아주 골칫거리였다. 그런데 이러한 문제가 한 번에 해결되었다. 그것은 바로 종량제 봉투 사용이었다. 그냥 쓰레기 전용 봉지를 만들었을 뿐인데 쓰레기는 43%가 줄고 재활용은 146%가 증가했다고 한다. 이는 인간의 경제성이라는 인간의 행동 유인에 따른 문제 해결 방법이었을 뿐이었다. 쓰레기를 버리는 만큼 돈을 내라는 단순한 논리였지만 효과는 매우 컸다. 이처럼 창의적 사고는 우리 삶과 그리 멀지 않은 곳에 있다.

소통(communication)

– 개인 및 집단 사이에 횡적인 정보의 흐름과 수평적 의사소통이 중요해짐

초연결 시대에서 기업이 경쟁력을 가지려면, 수직이 아닌 수평적인 조직문화로 하루빨리 탈바꿈해야 한다. 한국의 대기업은 위에서 아래로 지시가 내려가는 식의 수직적인 조직문화를 갖고 있다. 물론 전 세계적으로도 일부 기업만 수평적인 의사결정 과정을 갖고 있다. 차세대 구매자를 파악하기 위해서는 수직적인 조직 경영보다 수평적인 조직경영이 필요한 때이다.

초연결이란 가트너가 2008년부터 사용한 새로운 기업 흐름을 일컫는 말로 사람과 사람 그리고 사람과 제품, 기업이 끊임없이 연결된 사회를

일컫는다. 가트너의 모렐로 부사장은 SNS가 등장하고 스마트기기 사용자가 늘어나면서 기업의 마케팅 정책이 어떻게 변화해야 하는지를 주목해 '초연결' 흐름을 짚어낸 가트너 분석가 중 한 명이다.

모렐로 부사장은 2000년부터 가트너 컨퍼런스 모임에서 기업 담당자들이 조직을 운영하는 데 외부 변수가 너무 많이 작용한다는 얘기를 거듭 접했다고 한다.

"대부분 조직을 운영하는 데 있어 고려해야 할 외부 사항이 과거와 비교했을 때 너무 많아 사내 조직 운영과 제품 전략을 짜기 어렵다는 하소연이었습니다. 자연스레 무엇이 기업 담당자들을 힘들게 하는지 관심 갖기 시작했지요."

그 결과 1950년과 60년대에는 사내 자원만을 활용해 조직을 운영했던 기업들이 1990년대에는 아웃소싱 같은 회사 밖에 자원을 활용하는 식으로 기업 조직을 운영하기 위해 사용하는 자원 범위가 넓어지고 있다는 흐름을 발견했다. 이는 2000년대 들어서 스마트폰이 보편화되고 SNS가 등장하면서 절정을 맞이했다.

현재 시장 자체가 기업이 아닌 소비자에게 영향을 많이 받게 되었다. 더 나아가 소비자는 세계 경제 흐름, 기후 변화 같은 다양한 요소들에 영향을 받기 시작했다. 기업이 신경 써야 할 외부 요소들이 갑자기 늘어난 셈이다. 과거 50년대 제조업체들처럼 단순히 물건을 만들어 찍어 내고 판매한다고 해서 물건이 팔린다는 보장이 사라졌다. 기업 혼자서 물건을 잘 만들기보다는 소비자들과 끊임없이 소통하면서 그들이 원하는 물건을 만들어야 팔리는 시대, 초연결 시대가 도래한 것이다.

과거 스마트폰이나 SNS가 보편화되지 않았을 때만 해도 한 기업의 미미한 실수는 큰 문제가 되지 않았다. 해당 제품에 대한 부작용이 사용자들에게 퍼지는 속도나 기업 담당자가 부작용을 보고받는 순서나 큰 차이가 없었다. 그러나 지금은 다르다. 초연결 시대에서 정보가 퍼지는 시간은 굉장히 짧다. 해당 기업이 사전에 제품의 부작용에 대해 감지하고 귀를 기울였다면 큰 손해를 입지 않게 된다. SNS의 등장으로 기업 마케팅 과정에서 모든 사람들이 관여하는 시대가 됐다. 자연스레 모든 사람들에게 정보를 들을 수 있는 좀 더 유연하고 탄력적인 조직, 수평적 조직이 필요하다. 그래야 모든 정보에 민감하게 반응할 수 있게 된다.

하지만 수평적 조직 운영은 사내 의사소통이 곳곳에서 동시다발적으로 일어나는 만큼 이를 효율적으로 관리할 수 있는 조직 운영 규칙이 필요하다. 초연결을 통해서 어떤 목표를 달성하고자 하는지, 어떤 사업 분야에서 수평적 조직을 만들 것인지에 대한 고민이 사전에 있어야 한다.

더불어 제4차 산업혁명 시대에는 인공지능(AI), 사물인터넷(IOT), 빅데이터(Big data) 등 대다수의 분야가 컴퓨터 소프트웨어를 통해 구현되므로 인간과 기계의 소통에 있어서는 코딩(Coding)이란 언어가 중요한

앞으로 코딩 능력을 갖추어야 인공지능과 로봇을 활용할 수 있는 인재가 될 것이다.

고리가 된다.

코딩이란 기계가 사용하는 언어다. 미래에 인공지능을 가진 기계와 함께 일하기 위해서는 그들의 언어를 배워야 한다. 인공지능을 갖춘 로봇의 등장과 더불어 미래에 코딩은 새로운 생산수단의 핵심이 될 것이다. 코딩 능력이 없으면 새로운 생산수단을 활용하지 못하게 되고, 이에 따라 기업 입장에서도 코딩 능력을 갖추고 인공지능과 로봇을 활용할 줄 아는 사람을 인재로 중시하게 될 것이다.

콜라보레이션(collaboration)

- 인공지능, 첨단 로봇 등, 물리적 · 지적 업무의 자동화로 인해 대부분 업무의 특정부분이 자동화되고 기계가 업무를 대체하게 됨
- 이에 따라 조직 공동체 구성원간의 협력은 물론 이웃과 소통하고 협동할 수 있는 능력이 요청

창조경제연구회 이민화 이사장은 제4차 산업혁명 완수를 위해 다르게 생각하고 협조하는 '협력하는 괴짜'가 미래의 인재상이 되어야 할 것이라고 강조하며 미래 인재교육의 중심을 다음과 같이 역설한다.

"창조와 협력을 중심으로 교육 과정의 전면적 개편이 필요하다. 협력하는 괴짜를 키우는 교육은 팀 프로젝트를 중심으로만 가능하다. 프로젝트 교육은 정답을 맞히는 교육이 아니라, 문제를 찾는 능력과 개방적

인 팀워크로 문제를 해결하는 역량을 키우는 교육이다. 이제 선생의 강의는 팀 프로젝트의 화두를 주는 것이 된다(Less Teaching, More Learning!). 팀 프로젝트를 통해 창조성과 협력성을 키워 가는 컨텍스트(context, 상황) 중심의 학습이 미래 인재교육의 중심이다"

조직의 공동 목표를 효과적으로 달성하기 위해서 구성원 간의 팀워크에 의한 협력과 시너지 효과의 창출이 필요하다. 더욱이 인공지능, 첨단 로봇 등, 물리적 · 지적 업무의 자동화로 인해 대부분 업무의 특정 부분이 자동화되고 기계가 인간의 업무를 대체하게 됨에 따라 조직 공동체 구성원 간의 협력은 물론 이웃과 소통하고 협동할 수 있는 능력이 요청된다. 페이팔의 창업자인 피터 틸은 이렇게 말한다.

"저는 페이팔 직원을 뽑을 때 이력서를 보고 가장 재능 있는 사람들을 뽑지 않습니다. 저는 직원들이 비즈니스 관계가 아니라 인간적 관계가 되길 바랐습니다. 그래서 즐거운 마음으로 일할 수 있는 직원들만 골라 뽑습니다. 재능도 있어야 하지만 함께 일하는 것 자체를 즐기는 게 더 중요하다고 생각했습니다. 그 결과 우리는 협력이 잘됐습니다. 우리는 모두 SF 장르의 영화나 소설을 좋아하는 공통점까지 갖고 있었습니다."

조직에 협력적 조직문화를 뿌리내리게 만들려면 기본적으로 개인과 개인, 조직과 조직 간의 지나친 경쟁을 지양하고 자발적인 상호 협력을 유도하도록 조직 내 업무 수행 방식과 성과 관리 시스템을 설계해야 한다. 일이나 프로젝트 자체를 혼자 수행하면 성과를 내기 어렵고 여럿이 함께 협력하여 수행해야 더 큰 성과가 나오도록 만드는 것이다. 혼자 일해서 만든 성과보다 가능하면 많은 사람과 협력해서 팀워크를 통해 만들어진 성과의 크기가 더 크도록 해야 한다. 직원들 스스로 성과를 많이

조직 내의 많은 사람과 협력하여 팀워크를 통하여 큰 성과를 낼 수 있도록 해야 한다.

내려면 다른 사람과 협력해야 한다는 것을 체감해 자발적으로 협업하게 만들어야 한다.

특히 회사 안에 협력적 기업문화와 조직풍토가 굳건하게 자리 잡으려면 기본적으로 직원들의 임무와 역할이 명확하게 구분돼야 한다. 조직 내에서 구성원 간의 직무 역할이 중복되면 동료들 사이에 충돌이 벌어질 가능성이 높다. 회사 안에서 벌어지는 다툼은 대부분이 같은 권한이나 책임을 두고 동료들끼리 경쟁할 때 발생한다. 따라서 직무와 역할을 명확하게 나누고 경쟁적 요소를 제거하면 직원들의 관계는 훨씬 더 협력적으로 바뀌게 된다.

03 제4차 산업혁명 시대의 인재상 2 : 전문직무역량

융합형 인재(convergence)

– 기계적 사고와 인문학적 사고의 조화

애플 CEO로 활동하며 아이폰, 아이패드를 출시, IT 업계에 새로운 바람을 불러일으켰던 스티브 잡스가 2011년 3월 애플이 새롭게 출시하는 '아이패드'를 소개하며 발표의 마지막에 남긴 기념비적인 명언은 이제 일반인에게도 많이 알려지게 됐다. "테크놀로지만으로는 충분하지 못하다. 테크놀로지는 인문학(liberal arts)과 함께할 때에야 비로소 우리의 마음을 움직일 수 있다."

즉, 기계적 사고와 인문학적 사고의 조화가 중요하다는 말이다. 정동훈 광운대 교수는 제4차 산업혁명 시대의 교육으로 창의 융합형 인재를 육성해야 한다고 하면서 다음과 같이 주장한다.

"초연결 · 초인공지능의 시대로 대변되는 4차 산업혁명은 이미 산업 각 분야에서 그리고 일상생활에서 시작됐다. 4차 산업혁명 사회에서 중요한 것은 단순한 지식의 축적이 아닌 창의 · 협업 · 도전 · 윤리와 같은 새로운 세상에 대한 태도와 행동이다.

지식을 어떻게 활용할 것인가 하는 창의, 지식을 더욱 가치 있게 활용할 수 있는 협업, 지식을 활용해 무엇인가를 직접 만들어 보려는 도전, 지식을 활용하되 인간을 위한 결과물이 나와야 함을 배우는 윤리의 문제인 것이다.

이러한 가치는 삶의 다양한 경험과 인문사회학적 교양이 충분히 함양돼야 성취할 수 있다. 그리고 이러한 새로운 시대의 가치는 코딩 등을 통해 무엇이든 만들 수 있는 상상을 현실화하는 시대가 된 것이다.

앞으로 모든 학생들은 인문학과 사회과학 그리고 과학기술에 대한 학습을 통해 인문학적 상상력과 과학기술 창조력을 갖춘 창의 융합형 인재로 성장할 수 있도록 교육의 근본적인 패러다임을 바꿔야 한다. 4차 산업혁명의 주인공은 프로그래머이고 인문사회과학이다."

현대사회는 이미 통섭의 시대, 융복합의 시대에 들어서있다. 앞으로 전개될 제4차 산업혁명 시대는 이러한 융복합 현상이 전 산업 전 부문에 걸쳐서 사회전반에 심화 확산될 예정이다. 개인 자신의 교육경험과 직무경험에 기반한 칸막이식 사고의 틀과 경계(boundary)를 벗어나 공학과 인문학, 인문학과 기술의 만남, 인문학과 소프트웨어 분야 등 학문간 융복합 촉진과 교류를 통해 미래 사회에서 필요로 하는 창의 융합 인재를 육성해야 한다.

문제 해결 능력(problem solving)

- 문제 상황 발생 시, 창조적이고 논리적인 사고를 통하여 올바른 인식으로 적절하게 해결하는 능력

문제 해결 능력은 업무를 수행함에 있어 문제 상황이 발생하였을 경우, 창조적이고 논리적인 사고를 통하여 이를 올바르게 인식하고 적절히 해결하는 능력이다.

문제 해결의 프로세스는 '문제의 탐색 → 문제의 분석 → 대안의 개발 및 평가 → 최적 대안의 선택과 결정'으로 이루어진다. 즉, 업무와 관련된 문제의 특성을 파악하고, 대안을 제시, 적용하고 그 결과를 평가하여 피드백하는 능력을 말한다.

지금은 제4차 산업혁명에 대응할 미래형 인재를 양성할 신교육 시스템을 구축할 시점이 됐다. 신교육 시스템은 어떤 점에 착안하여 구축되어야 할 것인가?

STEM(Science(과학), Technology(기술), Engineering(공학), Mathematics(수학)) 교육이나 인문사회과학과 예술 등을 융합하는 융복합 교육을 컴퓨팅적 사고(computational thinking)를 키워주는 방향으로 대폭 강화할 필요가 있다. 컴퓨팅적 사고란 해결하고자 하는 문제를 명확히 구성하고 사람이나 컴퓨터가 효과적으로 그 문제를 풀어서 답을 내놓게 하는 프로세스적 사고력이다.

제4차 산업혁명에 적절히 대응하기 위해서는 초중고 교과 체제에서 STEM 분야를 중심으로 컴퓨팅적 사고력을 강화하기 위한 교육 전략 및

실행 방안이 필요하며 교사 양성 및 재교육 등이 마련되어야 한다.

다행스럽게도 정부는 초중고에 소프트웨어(SW) 교육을 강화하기로 했다. 2015년에 우선 중학교부터 기존의 정보 교과를 SW교과로 개편해 신입생부터 SW 수업을 의무적으로 하고, 초등학교는 2017년부터 정규 교육과정으로 운영하고, 고등학교는 2018년부터 국어, 영어, 수학처럼 일반 선택과목으로 분류해 교육기회를 확대하기로 했다.

제4차 산업혁명 시대에는 자신이 맡은 업무를 수행함에 있어 복잡한 상황에서도 전체를 상황적, 맥락적(context)으로 판단하며 복합적인 문제를 짧은 시간 안에 직관적으로 합리적으로 해결할 수 있는 능력이 필요하다.

네트워크 인재

– 지능을 결합하여 연결을 확대

제4차 산업혁명의 핵심은 연결(connectivity)과 지능(intelligence)이고, 그 기본은 지능을 결합하여 '연결'을 확대하는 것이라고 할 수 있다.

앞으로는 기초지식과 특정분야의 전문지식을 바탕으로 지식간의 유기적 조합과 창출이 가능한 네트워크형 인재가 필요하다.[1)]

---

1) 전영숙 지음, 반기문 유엔사무총장처럼 키워라

다양한 분야의 기초지식을 충실히 다지고 자신이 최고의 능력을 발휘할 수 있는 최적합 분야를 선택해 전문지식을 축적하는 것은 이미 필수적인 사항이며 이와 더불어 네트워크가 필요하다는 것이다.

직역하면 망(網), 상호관계, 연관성 등으로 번역이 가능한 네트워크는 좀더 복잡하고 다양한 의미를 내포하고 있다. 우선 지식의 측면에서 앞으로 미래 사회가 원하는 인재는 컴퓨터의 네트워크처럼 다양한 접속이 가능해야 한다. 자신의 전공 분야가 아니더라도 웹서핑처럼 원활하게 다양한 지식의 영역으로 나아갈 수 있어야 한다.

기존의 공부가 머릿속에 지식으로 저장해 놓았다가 필요할 때 하나씩 끄집어내서 썼던 것이라면 미래의 인재들은 자유자재로 다방면의 지식을 끌어다가 필요한 부분을 사용할 수 있어야 한다. 누가 더 많이 알고 기억하느냐의 경쟁에서 누가 보다 빨리 정확한 정보를 수집 획득하고 적시에 사용하느냐의 경쟁으로 바뀐 것이다.

이러한 네트워크는 지식, 정보뿐만 아니라 사회적 인간관계에도 적용된다. 달리 말해서 다양한 인적 자산을 형성하고 이를 활용할 수 있는 인재가 필요하다는 것을 의미한다.

네트워크 인재를 만드는 핵심은 다양한 경험에 있다. 다양한 경험을 통해서 다방면에 대한 관심을 불러일으키고 정보를 획득할 수 있으며 다방면의 친구를 가질 수 있기 때문이다. 그러나 한국의 인재들 가운데 다양한 경험을 갖춘 인재가 별로 없다. 공부는 잘해서 이력서에 학점성적은 높고 스펙은 화려하지만 해당 직무와 관련된 다양한 경험이 상대적으로 적은 편에 속한다.

"공부하느라 다른 분야에 관심을 둘 겨를이 없었습니다."라고 대부분의 학생들이 한결같은 대답을 한다. 그러나 이제 미래 세계가 필요로 하는 인재는 공부만 잘하는 바보가 아니다. 다국적 기업이 요구하는 항목 가운데 다양성과 경험은 매우 중요한 요소이다. 공부만 잘하는 우등생이 아니라 스포츠, 예술, 문화 활동 등 다양한 분야에서 활동한 경력이 있는 자가 더 높은 가점을 받는다는 것이다.

다양한 경험을 쌓은 네트워크 인재가 조직을 원활하게 이끌어 갈수 있으며 어려운 문제 상황에 직면했을 때, 다양한 시각에서 문제를 이해하고 창의적으로 문제를 해결해 나갈 수 있다는 것이다.

컴퓨팅 사고(computational thinking)

– 문제 해결에 필요한 모델을 설계하고 이를 수행할 컴퓨팅 시스템 구현

디지털 시대에 새롭게 요구되는 또 하나의 전문직무역량은 컴퓨팅 사고(computational thinking)이다. 다양하고 복잡한 문제를 해결하기 위해서는 이미 만들어져 있는 프로그램을 단순히 조작하는 수준을 넘어 문제 해결에 필요한 모델을 설계하고 이를 수행할 컴퓨팅 시스템을 구현하는 능력이 필요하다.

컴퓨팅 사고는 문제 상황의 핵심 원리를 찾아내어 이를 재구성하고 순서도를 만들어 해결하는 방식을 말하며 방대한 양의 데이터를 처리하거나 복잡한 문제를 해결하는 데 있어 컴퓨팅 시스템을 활용함으로써 인간

사고의 한계를 극복하기 위한 사고 체계를 의미한다.

컴퓨팅 사고에는 다음과 같은 핵심 요소가 포함된다.

(1) 데이터 수집(Data Collection)

(2) 데이터 분석(Data Analysis)

(3) 데이터 표현(Data Representation)

(4) 문제 분해(Problem Decomposition)

(5) 추상화(Abstraction)

(6) 알고리즘과 절차화(Algorithms& Procedures)

(7) 자동화(Automation)

(8) 시뮬레이션(Simulation)

(9) 병렬화(Parallelization)

04 제4차 산업혁명 시대의 인재상 3 : 리더십 역량

수평적 리더십(horizontal leadership)

– 섬김과 봉사의 리더 전제

시대에 따라 경영 패러다임이 변화하듯 리더십 패러다임도 진보한다. 1990년대 이전 경제 대호황기에는 GE의 잭 웰치처럼 비전에 대한 강한 확신과 자신감을 기반으로 강력한 추진력을 갖춘 제왕적 성격의 카리스마적 리더가 필요했고 각광을 받았다.

그리고 1990년대 이후 들어서는 IT 버블 후 기업 재정비 역할이 요구되면서 문제해결형 리더가 등장하게 되었고 경영 환경의 변화, 구성원의 가치관 변화와 함께 다양성의 조화와 융화를 중시하는 팀 빌더형의 문화형 리더를 필요로 하게 되었다.

제4차 산업혁명은 연결(connect)이자 공유(share)이며 수평적(horizontal)인 것을 특징으로 한다. 따라서 4차 산업혁명에 걸맞은 근본적인 변화가 더욱 필요하다. 그러나 한국은 수직적인 문화가 사회 모든 곳에 깊이 내재해 있다.

그렇다면 4차 산업혁명시대에 사회적 변화를 선도하는 리더 그룹에게는 어떠한 리더십이 필요할까?

"제4차 산업혁명을 위해 맥락적 지성(contextual intelligence)을 개발하고, 수평적인 시각에서 시스템 전체를 볼 수 있는 '시스템 리더십(system leadership)'을 할 수 있어야 합니다."

'4차 산업혁명의 대부' 클라우스 슈밥 세계경제포럼 회장이 2016년 10월 18일 서울 여의도 국회 의원회관에서 국회 4차 산업혁명포럼 주최로 열린 특별대담에 참석해 '4차 산업혁명과 대한민국'을 주제로 기조연설에서 한 이야기다.

바로 미래 사회의 리더에게는 수평적 리더십(horizontal leadership)이 필요하다는 것이다. 수평적 리더십의 행동 특성은 섬김과 봉사의 리더(servant leader)를 전제로 한다. 서번트 리더는 조직에 만연한 권위주의를 타파하고 수평적인 조직을 구축하며 겸손과 헌신의 기반 위에서 "공동의 목표를 향해서 매진할 수 있도록 사람들에게 영향력을 발휘하는 기술인 동시에 사람들의 신뢰를 형성하는 리더의 인격이다"

소통과 공감의 리더(communicative & emotional leader)

– 사회공동체 안에서의 사회성과 타인과의 공감 능력 필요

제4차 산업혁명의 초연결 사회는 연결과 지능을 중심으로 오게 된다. 무엇보다도 '연결(connectivity)'이 핵심이다. 인간의 역사는 연결을 확대해 온 역사로도 설명된다. 기술의 발전과 융합을 통해서 인간은 연결의 폭과 깊이를 지속적으로 확대해 왔다.

디지털 기술의 적용에 따라 물리적 연결은 그 속도를 빠르게 좁히고 있다. 물리적 연결보다 가상 세계에서의 연결은 더욱 극적이다. 웨어러블 기술은 '디지털 존재감'을 향상시켜 왔다. 이제는 인간과 인간의 연결뿐만 아니라 인간과 사물, 사물과 사물의 연결이 실현되고 있다. 연결은 더 나아가 현실과 사이버를 융합시키는 결정적인 역할을 한다. 예전에는 현실과 사이버 세상이 서로 다르고 상호 보완적인 것으로 여겨졌지만, 이제는 융합되는 방향으로 변화하고 있다. 사이버의 수요를 현실 공급자로 연결하는 비즈니스인 O2O가 등장하는 것이 대표적인 사례다. 이것은 생활의 편의를 제공할 뿐만 아니라 라이프스타일을 바꾸고, 인식의 전환을 가져온다.[1)]

제4차 산업혁명은 인공지능에 의해 자동화와 연결성(connectivity)이 극대화되는 산업 환경의 변화를 가져온다. 따라서 연결성이 중요해지는데 사회공동체(community) 안에서의 사회성과 타인과의 공감 능력이 핵심적

1) 김대호 저, 4차산업혁명

인 요소로서 중요시된다.

과거에 일사분란하게 앞만 보고 나아가던 시대에서 다양한 구성원들 간의 융화와 공감적 소통이 중시되는 시대로 변환되고 있는 것이다. 지금까지는 오로지 성과 중시의 리더가 각광받았지만 앞으로는 부하나 고객의 감정을 인식하고 조절하며 표현하는 능력이 많은 리더가 높은 성과를 낼 수 있을 뿐만 아니라 조직에서 필요한 인재가 된다는 것이다.

먼저 사람들의 욕구를 듣고 파악하는 적극적인 경청능력과 아울러 자신의 주장과 견해를 설득력 있게 제시(presentation)할 수 있는 소통의 기술이 더욱 강조된다.

또한 사회적 감수성을 토대로 한 공감 능력이 리더의 요건이 된다. 리더는 자신이 담당할 분야에 대한 전문적인 기술과 함께 인간으로서 느낄 수 있는 감정을 이해해야만 하는 것이다.

다니엘 골먼(Daniel Goleman)은 리더에게 필요한 다섯 가지 공감 능력을 다음과 같이 제시한다.

- 자기 인식 능력: 자신의 감정 상태를 잘 아는 능력
- 자기 관리 능력: 자신의 감정을 조장, 억제, 조절하는 능력
- 자기 동기 부여 능력: 어려움 속에서도 긍정적 감정 유지 능력
- 타인 인식 능력: 타인의 감정을 감지하고 이해하는 능력
- 타인 조절 능력: 타인의 감정을 억제, 조절할 수 있는 능력

더불어 이런 제4차 산업혁명 시대, 초지능정보사회에 걸맞은 협동과 협치의 거버넌스(cooperative governance)가 필요하다. 정부 및 공공 부문과

민간 부문 그리고 시민사회의 역할도 달라져야 하며 이 세 부문이 서로 창조적으로 융합되어 협동과 협치의 새로운 사회적 관계를 창출해야 한다는 것이다.

제4차 산업혁명을 전 국가적으로 지원하고 준비할 정부. 공공 부문의 거버넌스도 협치의 기반 위에서 새롭게 운용되어야 하며 사회 변화를 선도하는 리더 그룹들에게도 협동과 협치의 리더십이 새롭게 요청되고 있는 것이다

CHAPTER 5

제4차 산업혁명과 지속가능한 지구

제1차 산업혁명 이후, 인류는 지구환경에 막대한 영향력을 끼쳐 왔다. 환경 파괴, 생태계 파괴, 자원의 무분별한 사용 등 우리가 알게 모르게 지금까지 지구환경에 많은 악영향을 주어 왔다.

자연의 모든 법칙에는 반드시 원인과 결과가 있다. 인간이 환경에 어떠한 변화라도 주게 되면, 그 영향은 크건 작건 나타나게 마련이다. 아메리카 원주민들을 몰살시킨 것은 스페인 병사가 아닌 바로 그들이 옮긴 천연두였다. 유럽인의 아메리카 진출로 인하여 한 문명이 몰락한 셈이다. 이와 같이 그 영향이 의도와는 전혀 상관없는 결과로 이어지게 되면 큰 문제가 발생한다.

하지만 의도하지 않았다고 하여 결과에 책임이 없다고는 할 수 없다. 지구의 생태계는 굉장히 복잡하기 때문에 환경의 변화는 반드시 인류에게도 악영향을 끼치게 된다. 인류를 가장 많이 죽인 곤충인 모기를 멸종시키자는 주장이 나왔을 때에도 이에 반대하는 사람들의 논리는 생태계 파괴였다. 모기로 인하여 꽃가루를 옮기는 식물도 있기 때문이다. 환경문제에 있어서 가장 두려운 것은 변화를 일으키기는 쉽지만 되돌리기는 어렵다는 점이다. 또한 변화의 결과가 어떻게 나타날지 예측하기도 쉽지 않다는 점에 있다.

인류는 생존에 필요한 기본 에너지 이외에도 문명을 누리기 위하여 많은 에너지를 사용한다. 이로 인하여 지구의 환경들이 파괴되고 있다. 사람 중심의 4차 산업혁명이란 사람이 살기 적합한 환경이 영속할 수 있어야 함을 전제한다. 환경오염으로 사람과 삶이 고통을 당한다면 그 기술개발이 주는 가치나 의미가 얼마나 될 수 있을까? 이제 지구의 지속가능성과 제4차 산업혁명과의 상호관계를 생각하면서 지구 생존의 방향과 방법을 모색하여 보아야 할 때이며 더 이상 지체되어서는 안되는 상황이다.

01 지구환경의 변화

지구 대멸종

– 지구는 자연 현상에 의해 5번의 대멸종을 경험
– 현재의 6번째 대멸종은 인류에 의하여 발생

과학저널 《네이처》는 2014년에 "2200년이면 양서류의 41%, 조류의 13%, 포유류의 25%가 멸종할 것"이라며 "6000만 년 전에 비해 무려 1000배나 빠른 속도로 수많은 생물 종이 멸종되고 있다"고 경고한 바 있다. 과학계 일부에선 지금 지구가 여섯 번째 대멸종을 겪고 있다고 주장한다. 대멸종이란 생태계 전체에 걸쳐 전 지구적으로 어떤 생물이 완전히 사라지는 현상을 말한다.

약 46억 년 전에 생성된 지구는 지금까지 5번의 대멸종을 경험하여 왔다. 3번의 대멸종은 고생대 때, 2번의 대멸종은 중생대 때 나타났다. 지난 다섯 번의 대멸종 시기에는 지구의 온도가 급격히 오르거나 떨어졌고, 산소 농도가 급감했으며, 대기의 산성도가 높아져 산성비 등으로 토양이 황폐화되었다. 이러한 현상이 나타난 이유로는 크게 두 가지 주장이 있다. 하나는 운석 충돌에 의한 것이라는 주장이고, 다른 하나는 대규모의 화산 활동과 조산운동 등 지구 내부의 문제에 의한 것이라는 주장이다. 어느 것이 원인이든 자연 현상에 의하여 발생한 것으로 보고 있다.

하지만 지금 이루어지고 있는 여섯 번째 대멸종은 인류에 의하여 일어나고 있다는 것이 큰 차이점이다. 지난 1만여 년 간 인류는 홀로세(Holocene)라는 지질학적 기간에 지구의 안정적 상태에서 적절한 생태환경 및 자연자원을 활용할 수 있었으며, 오늘날의 문명을 이룩할 수 있는 토대가 제공되었다. 그러나 지구 생태계 관련 연구자들에 의하면 현재는 인류의 활동이 지구 전체에 영향을 미치는 새 시대인 '인류세(Anthropocene)'에 접어들었다고 한다.[1)]

인류의 발전과 지구의 한계

- 인류의 기술과 제도 발전에 의한 지구의 수용 한계 초과
- 지구한계 내에서 풍부함과 발달, 마음의 변화와 과학적 식견 전달 방법 필요

제1차 산업혁명 이후로 인류의 문명은 급속도로 발전하여 왔다. 세계

---

1) Zalasiewicz et al., Are we now living in the Anthropocene?, GSA TODAY, 2008

인구는 끊임없이 늘어났고 그 결과 식량 생산, 산업 생산, 자원 소비, 오염 등도 기하급수적으로 증가하였다. 이런 물질적 증가는 어느 한계점을 지나면 더 이상 유지될 수 없다.

인류의 기술과 제도의 발전 때문에 오히려 지구는 수용 한계를 이미 초과하였다. 지금과 같은 속도로 개발과 성장이 진행된다면, 앞으로 지구는 도저히 버텨 낼 수 없을 것이다.

현재 하루에도 100종 이상 되는 생물종이 사라지고 있으며, 자연 순환의 고리가 끊어지고 있는 상황이다. 또한 이미 많은 벌들이 사라지고 있어 자연의 생식 능력에도 문제가 생겼다.

미국의 지구학자인 토마스 베리(Thomas Berry, 1914~2009) 박사는 현재 더 큰 분류인 신생대 말기의 지질학적 시대에서 새로운 시대인 생태대(ecozoic)로 들어가고 있다고 하였으며, 이 생태학적 생명시대에서 지구의 우선성은 모든 인간의 행위와 사고에 의미를 줄 것이고, 지구는 그 자체로서 모든 것의 토대로 인정될 것으로 보았다. 또 그는 현재 지구는 그 어느 변화 시기보다 많은 생물종이 사라지고 있는 상황이라고 지적하였다.

스톡홀름 회복탄력성센터의 요한 록스트롬(Johan Rockstrom)은 지구의 위기를 극복하기 위하여 자신이 저술한 《큰 세상, 작은 행성: 지구 범위 내의 풍요로움(Big World, Small Planet: Abundance within Planetary Boundaries)》에서 다음과 같은 10가지 핵심 메시지를 인류에게 강조했다.

(1) 눈을 뜨라

(2) 위기는 지구적이고 긴급하다.

(3) 모든 것이 초연결되어 있다.

(4) 예상되지 않은 것을 예상하라.

(5) 지구의 한계들을 존중하라.

(6) 지구적 마음으로 바꿔라.

(7) 지구에 남아 있는 아름다움을 보존하라.

(8) 우리는 방향 전환을 할 수 있다.

(9) 혁신을 실현하라.

(10) 긴급하고 중요한 일부터 먼저 하라.

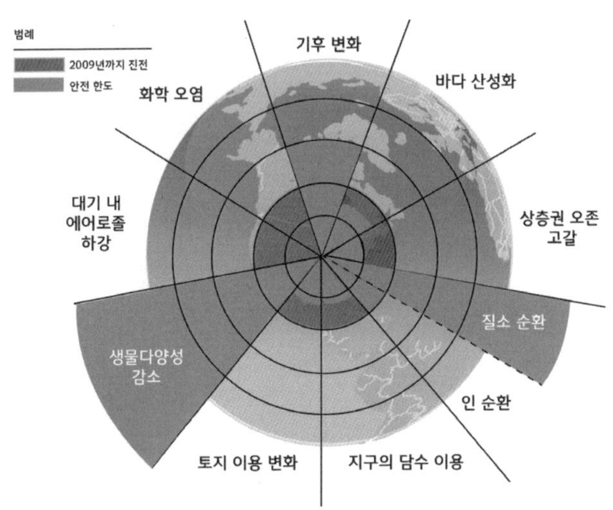

지구를 조절하는 9가지 주요한 영역 중 기후변화와 생물다양성 감소, 질소 순환은 지구가 회복할 한도를 넘어섰다.

저자는 새로운 패러다임을 제시하고 있으며 그것은 성장의 한계가 아니라 지구 한계 내에서 풍부함이며 발달이고, 또한 그것은 깊은 마음의 변화와 과학적 식견을 전달할 새로운 방법을 필요로 하고 있으며 마음과 두뇌에서 나와야 한다고 한다.

인류가 앞으로 지속가능한 개발과 번영을 구가하기 위해서 '안전한 활동 공간'에 대한 범위를 명확히 알 수 있도록 '지구의 한계' 9개 범주를 그림과 같이 파악하였다. 이 9개의 범주는 기후변화, 생물다양성 손실, 해양산성화, 지구 질소 및 인 순환 주기 혼란, 담수 이용, 토양 생태계 변화, 대기권 에어로졸 부하, 성층권 오존층 파괴, 화학물질 오염 등이다. 9개 범주는 다양한 분야에서 교류된 정보와 인류에게 매우 큰 영향을 미칠 수 있는 생태물리적 임계점을 기반으로 파악되었다.

02 지구환경 변화의 대응 현황

녹색 경제

- 1, 2, 3차 산업혁명을 거치면서 자연스럽게 진행
- 모든 대 변화는 에너지 변화에 기반
- 녹색 경제 : 모든 존재의 생명 가치 자체를 최우선으로 삼는 경제

아래의 그림에서 나타나는 바와 같이 녹색 경제는 제1, 2, 3차 산업혁명을 거치면서 자연스럽게 진행되어 간다고 볼 수 있다. 제1, 2, 3차 산업혁명이 모두 에너지의 변화에 기반을 두었듯이 모든 대변화는 에너지의 변화에 기반을 두었으며 또한 에너지 변화를 초래하지 않을 수 없다. 제4차 산업혁명 역시 그 명칭을 무엇이라 붙이든지 상관없이 그 속에 들어가 있는 것이다.

2011년 유엔환경계획(UNEP)에서 발간한 보고서 "녹색 경제를 향하여: 지속가능한 발전과 빈곤 퇴치로의 도정"을 보면, 녹색 경제에 대한 정의를 '환경적 위험과 생태적 취약성을 현저하게 줄이면서 인간 복지와

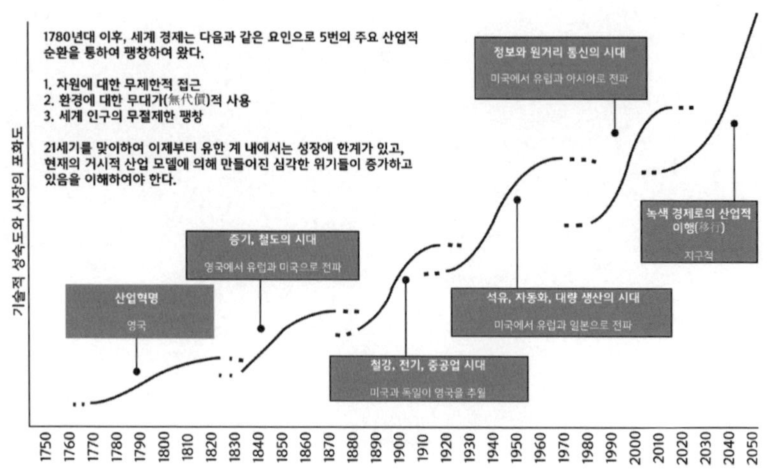

녹색 경제 추이에 관한 직접적인 주요 사건
(자료: Steve Bass, Senior Fellow, IIED)

사회적 균형성을 증진하는 결과의 하나'로 보고 있다.

녹색 경제란 모든 존재의 생명가치 그 자체를 최우선으로 삼는 경제를 말한다. 녹색 경제는 저탄소, 자원효율성 등으로 주요하게 표현된다. 녹색 경제 하에서 탄소 배출과 오염을 줄이고, 에너지와 자원의 효율성을 증진시키며, 생물다양성과 생태계 기능의 손실을 방지하는 공적 및 사적 투자를 유인하며, 이러한 투자로 인하여 소득과 고용 증대가 발생한다.

현재 국제적으로 대부분의 국가들이 부가가치와 일자리 창출을 위하여 적극적인 노력을 기울이고 있으며, 그 핵심 분야는 녹색 분야이다. 즉, 과학기술, 정보기술, 농업, 어업, 에너지, 건축, 산림, 교통, 수자원, 관광 등 어느 분야든 녹색 방향을 향하고 있으며, 이것을 녹색 경제로 보고 지속가능성의 하위 단계 또는 구체화로 많은 부분이 국제적으로 진행 중인 상황이다.

세계경제포럼(World Economic Forum)의 2013 글로벌 리스크 보고서에 따르면, 금융위기가 지속됨에 따라 극단적 기후재앙에도 불구하고 기후변화 문제가 상대적으로 관심 대상에서 멀어져 가고 있으며, 이것은 세계를 더욱 위험에 노출시키고 있다고 하였다. 이 보고서는 1,000명이 넘는 전문가와 산업체 리더들을 대상으로 한 조사를 통해 가장 심각한 두 가지 글로벌 위험으로 극심한 소득 격차 다음으로 고질적인 금융 불균형을 지목함으로써 향후 10년에 대한 다소 비관적인 전망과 정부 부채에 지속적인 우려를 보이고 있다. 세 번째 글로벌 위험으로는 계속 증가 중에 있는 온실가스 배출을 말하고 있으며, 기후변화 적응 실패를 향후 10년 동안 가장 연쇄적인 영향을 일으킬 위험으로 간주했다.

세계는 이미 녹색 발전, 사회적 균형, 건강한 환경 등을 그 나라의 문화와 융합하여 부가가치를 높이는 방향으로 나아가고 있으며, 그것을 지속가능성이라는 틀에서 준비, 진행, 평가하고 있다. 이것은 짧은 기간에 이루어질 수 있는 것이 아니며, 적극적인 연구개발과 투자가 있어야 성과를 낼 수 있다.

유엔(UN)의 지속가능개발[1] 목표(SDGs)로의 전환

- 공동의 목표를 추구하고 전 세계의 빈곤 종식을 위한 대대적인 노력 촉구
- 이전과는 전혀 다른 새로운 개발 패러다임으로 완전히 전환해야 한다는 문제의식 표출

유엔은 2015년까지 진행되었던 새천년개발목표(MDGs)가 종료되고, 2015년 9월 지속가능개발목표(SDGs : Sustainable Development Goals)를 채택하여 2016년부터 2030년까지 달성해야 할 17개 주요 목표와 169개 세부목표를 선정하여 발표하였다. 지속가능개발목표는 에너지, 식량, 기후변화, 금융 등 지구의 복합 위기를 극복하기 위하여 선진국 및 개발도상국 모두를 대상으로 하고 있으며, 정부, 지자체, 시민사회, 기업 등 모든 이해관계자의 참여와 책임 있는 보고 의무를 포함하고 있다.

새천년개발목표의 가시적인 성과가 크지 않았음은 물론 원조 감소 추세에 따라 유엔에서는 지속가능개발목표를 통하여 공동의 목표를 추구하고 전 세계의 빈곤 종식을 위한 대대적인 노력을 촉구하였다. 따라서 지속가능개발목표는 기존의 개발목표 중 달성하지 못한 것을 포함하고 개도국과 선진국 모든 국가가 매우 노력해야 효과가 나타나는 목표를 설정하고 있다. 발표된 17개 목표는 절대빈곤과 기아퇴치, 보편적 초등교육 달성, 양성평등 및 여성 능력 고양, 유아사망률 감소, 모성보건 증

---

1) SD : 지속가능개발과 지속가능발전 둘로 다 공식 번역되고 있음(작성 시)

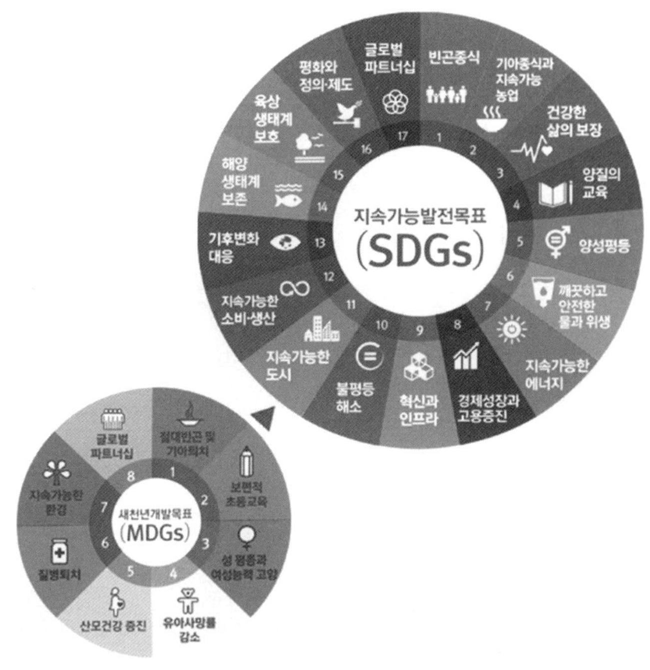

유엔의 지속가능개발목표는 기존의 새천년개발목표의 한계를 보완, 확충하였다.
(자료: 굿네이버스)

진, HIV/AIDS, 말라리아 등의 질병 퇴치, 지속가능한 환경 보장 등과 같이 가장 시급하고 기본이 되는 내용들로만 구성되어 있었던 새천년개발목표의 한계를 넘어 국내외의 불평등 문제, 기후변화, 인권, 성 평등, 환경 지속성, 평화와 정의를 아우르는 개발목표를 제시하고 있다.[1)]

---

1) 지속가능발전포털(http://ncsd.go.kr/app/sub02/20_tab3.do)

지속가능개발목표에서는 5개의 지속가능한 개발 요소로서 인간, 지구, 번영, 평화, 파트너십을 선정하였다. 새천년개발목표는 8개 목표, 21개 세부 목표로 구성되어 개도국을 대상으로 절대빈곤 퇴치를 중심으로 하는 사회개발에 역점을 두고 정부와 국제기구가 주로 많은 역할을 하였다. 새천년개발목표에서 달성하지 못한 부분인 빈곤 종식 및 인간 존엄성을 위한 내용과 기후변화의 중요성을 포함한 지구환경에 대한 의제를 결합하고 여기에 자연과의 조화로운 번영을 추가하여, 사회-환경-경제의 3가지 축으로 이루어져, 이들 간의 유기적 관계와 통합적이고 종합적인 시각을 강조하며 이것을 달성하기 위한 제도 구축과 이행수단을 중요시하였다.

따라서 현재 인류가 직면한 한계를 극복하게 위해서는 각 부문의 일부 문제를 개선하는 것이 아니라 전 지구적으로 생활양식 자체를 바꿔야 하며, 이전과는 전혀 다른 새로운 개발 패러다임으로 완전히 전환해야 한다는 문제의식을 담고 있다.[1)]

요즘은 국제적으로 지속가능성(Sustainability)이란 용어를 함께 사용함으로써 번역상 일어날 수 있는 오해 소지도 줄이면서 보다 포괄적으로 적용하여 가고 있다. 그러나 용어에 대한 이해가 어려워 정확한 정의에 대하여 살펴볼 필요가 있다.

'지속가능개발'이란 다음 세대가 그들이 원하는 것을 충족할 수 있는 기회를 줄이지 않으면서 지금 현 세대가 원하는 것을 충족하는 개발이라 정의할 수 있다. 그러나 현재 개발이 다음 세대를 고려치 않고 하는 경

---

1) OWL(ODA Watch Letter) 104호, 2015.09, http://www.odawatch.net/468199

우가 많아 환경오염이나 사회적 불균형은 더욱 심화되어 가는 상황이라 할 수 있다. 그러므로 경제적 효율성과 환경적 보전, 사회적 균형의 세 측면(Triple Bottom Line), 즉 지속가능성을 처음부터 고려하여 계획하고 진행하는 것이 필요하다.

과거의 경제성 중심에서 환경성과 사회성을 함께 처음부터 반영하여 진행하는 것이 필요하며 모든 영역에 적용해야만 심화되어 가는 지구 위기를 극복할 수 있다. 이는 인간의 의식 전환이 먼저 이루어져야만 가능

지속가능개발목표는 지속가능한 개발요소로 인간, 지구, 번영, 평화, 파트너십을 제시하였다.

한 것이다.

지속가능개발목표에서 제시된 17가지 주요 목표는 ① 빈곤 종식, ② 기아 종식, 식량 안보와 농업 증진, ③ 보건 및 웰빙 증진, ④ 교육 보장, 평생교육 기회 증진, ⑤ 성 평등 달성, 여성 역량 강화, ⑥ 물과 위생시설 접근성 향상과 관리, ⑦ 에너지 접근 보장, ⑧ 경제 성장 촉진, 일자리 증진, ⑨ 인프라시설 구축 산업화와 혁신 증진, ⑩ 불평등 감소, ⑪ 지속가능한 도시와 거주지 조성, ⑫ 지속가능한 소비와 생산양식 확

지속가능개발목표의 17개의 주요 목표 안에는 빈곤과 불평등, 사회발전, 경제발전, 환경, 이행수단이 고루 포함되어 있다.

립, ⑬ 기후변화 대응, ⑭ 해양자원 보존과 지속가능한 이용, ⑮ 육상 생태계의 보호와 지속가능한 이용, ⑯ 평화로운 사회 증진과 제도 구축, ⑰ 이행 수단과 글로벌 파트너십 강화 등이다. 이를 지속가능한 개발 요소에 대입해 보면 ①~⑤는 인간에 관한 것으로 새천년개발목표에서 달성하지 못한 부분이 주를 이루고 있으며, ⑥~⑪은 번영으로 새롭게 필요한 영역이며 ⑫~⑮는 지구환경에 대한 영역, ⑯은 거버넌스와 평화, ⑰은 이행 수단과 파트너십에 관한 것이다.

각 주요 목표의 내용을 구체적으로 살펴보면 다음 표와 같다.

[표 5-1] 지속가능개발목표와 주요 내용

목표	주요 내용
목표 1	모든 곳에서 모든 형태의 빈곤 종식
목표 2	기아 종식, 식량 안보와 영양 개선 달성 및 지속가능한 농업 진흥
목표 3	모든 연령층의 모든 사람을 위한 건강한 삶 보장 및 복리 증진
목표 4	포용적이고 공평한 양질의 교육 보장 및 모두를 위한 평생학습 기회 증진
목표 5	양성평등 달성 및 모든 여성과 소녀의 권익 신장
목표 6	모두를 위한 물과 위생의 이용 가능성 및 지속가능한 관리 보장
목표 7	모두를 위한 저렴하고 신뢰성 있으며 지속가능하고 현대적인 에너지에 대한 접근 보장
목표 8	모두를 위한 지속적이고 포용적이며 지속가능한 경제 성장 및 완전하고 생산적인 고용과 양질의 일자리 증진

목표	인재상
목표 9	회복력 있는 사회기반시설 구축, 포용적이고 지속가능한 산업화 증진 및 혁신 촉진
목표 10	국가 내 및 국가 간 불평등 완화
목표 11	포용적이고 안전하며 회복력 있고 지속가능한 도시와 정주지를 조성
목표 12	지속가능한 소비 및 생산 양식 보장
목표 13	기후변화와 그 영향을 방지하기 위한 긴급한 행동의 실시
목표 14	지속가능한 개발을 위한 대양, 바다 및 해양자원 보존 및 및 지속가능한 사용
목표 15	육상 생태계의 보호, 복원 및 지속가능한 이용 증진, 산림의 지속가능한 관리, 사막화 방지, 토지황폐화 중지 · 역전 및 생물 다양성 손실 중지
목표 16	모든 수준에서 지속가능한 개발을 위한 평화롭고 포용적인 사회 증진, 모두에게 정의에 대한 접근 제공 및 효과적이고 책임 있으며 포용적인 제도 구축
목표 17	이행 수단 강화 및 지속가능한 개발을 위한 글로벌 파트너십 활성화

Post-2020 신기후체제 파리협정 체결

– 2020년 이후 신기후제계 추진
– 기후변화 적응 및 온실가스 감축 목표

기후변화는 90% 이상 화석연료 및 토지 과잉 사용 등 인간 활동으로 인해 발생하며, 기후변화에 관한 정부 간 패널(IPCC)에 따르면 산업혁명 이후 지구 평균기온이 0.85℃ 상승했다. 195개 당사국은 2020년 이후 신기후체제를 추진하기 위하여 2015년 12월에 신기후체제 파리협정을 채택하였다. 우리나라도 이를 비준하여 진행하고 있다.

이 협정의 주요 결정 내용은 다음과 같다.

첫째, 산업화 이전 대비 지구 평균기온 상승을 이전 2℃에서 1.5℃ 이하로 제한하는 보다 강력한 장기 목표를 설정한다.

둘째, 주요 온실가스 배출국들이 각자의 목표를 정해 온실가스 감축에 참여한다.

셋째, 선진국과 개발도상국은 '자발적 감축 목표' 제도를 신설한다.

넷째, 선진국은 절대량 방식을 유지하고, 개발도상국은 경제 여건을 감안해 부문별 감축 목표가 아닌 경제 전반을 포괄하는 감축 목표를 허용한다.

다섯째, 개발도상국의 이행 지원을 위한 선진국의 재원 공급을 의무화하여 개발도상국이 감축 의무에 동참하도록 기술의 보급·이전에 대한 협력을 확대하고 강화한다.

여섯째, 한국은 스위스, 멕시코, 모나코와 함께 환경건전성그룹에 속해 개발도상국과 선진국 간의 책임과 참여를 강조하며 조정하는 역할을 수행한다.

일곱째, 2023년부터 5년마다 탄소 감축상황을 보고한다.

그리고 한국의 목표에 관한 것으로, 2030년 배출전망치(BAU) 대비 37% 감축(외부감축분 포함) 목표를 포함하고 있다.

2015년 12월에 채결된 이 파리협정은 기후변화 적응 및 온실가스 감축을 위하여 연간 1,000억 달러의 기후 재원 조성 목표를 설정하며, 녹색기후기금(GCF)과 지구환경기금(GEF)을 기후재원의 운영기구로 결정했다. 이 중 우리나라가 사무국을 유치하고 있는 녹색기후기금은 2015년 11월 개발도상국의 기후변화 적응 및 온실가스 감축 사업 8개에 대한 지원을 최초로 승인하면서 본격적인 활동을 개시했다. 우리 정부는 개발도상국이 녹색기후기금을 적극 활용할 수 있도록 4대 한국형 기후변화사업모델을 2014년 12월에 개발하여 개발도상국의 녹색기후기금 지원 사업 발굴을 지원하고 있다. 한국형 기후변화사업모델은 다음과 같다.

① 신재생에너지+에너지저장장치(ESS)를 통한 전력 공급
② 친환경 에너지 타운
③ 전기차 및 관련 인프라 구축
④ ICT 활용 스마트팜

2017년 현재까지 페루 아마존 습지복원사업, 지속가능 에너지 금융사업, 태평양도서국 재생에너지 투자사업 등 3개 사업이 한국형 사업모델을 활용하여 녹색기후기금 승인을 획득하였다.

03 제4차 산업혁명과 앞으로의 변화

제4차 산업혁명의 흐름

- 초연결성과 초지능화를 통한
  모든 것이 상호 연결되고 보다 지능화된 사회로의 변화
- 개인 및 소집단이 중시되며 상호 시너지 창출
- 지능적인 로봇의 등장에 따른 많은 혼란 초래 가능성
- 긍정적인 변화를 추구해 나가야 하는 지혜 필요

제4차 산업혁명은 제3차 산업혁명을 기반으로 한 디지털과 바이오, 물리학 등을 융합하는 기술혁명을 주로 말하고 있으며, 사물인터넷과 빅데이터, 인공지능 등 신기술을 기반으로 한 초연결성, 초지능화의 특성을 보이고 있다. 이것을 통해 "모든 것이 상호 연결되고 보다 지능화된 사회로의 변화"가 다양하게 나타날 것이다.

또한 개인이 생각보다 많은 일과 큰 규모의 일을 할 수 있는 상황이 되어 가고 있으며, 그동안 대기업이 중심이었던 데서 앞으로는 개인 또는

소집단이 중시되고 상호 시너지를 창출하는 방향으로 진행되어 갈 것이다. 과학기술과 정보통신 분야뿐 아니라 모든 분야에서 상호 시너지를 내는 방향으로 나아갈 것이다. 기업은 자신의 특화된 분야 또는 기술과 필요한 것을 융합하면 많은 성과가 가능할 것으로 보인다.

제4차 산업혁명에 따른 미래 사회는 정보통신기술에 기반한 변화 동인으로 인하여 기술 · 산업 · 에너지 구조의 변화, 일자리 지형의 변화, 미래 사회에 요구되는 직무 역량의 변화 등이 전망된다. 그 영향력은 전 세계의 기술, 산업, 경제 및 사회 구조를 뒤바꿀 만큼 거대할 것이며, 이 변화는 수년 내 직집적으로 직면하게 될 현실이다. 앞으로 새로운 기술의 등장과 기술 혁신 속도가 점차 가속화됨에 따라 긍정적인 변화뿐만 아니라 부정적인 문제 또한 확대될 것이다.

특히 지능적인 로봇의 등장에 따른 사람과 기계의 구분, 사람의 정의, 역할, 책임, 정체성 등에서 많은 혼란을 초래할 가능성을 배제할 수 없다. 그러므로 부정적인 문제를 최소로 줄이고 긍정적인 변화를 추구해 가는 지혜가 필요한 시점이다.

제4차 산업혁명과 환경, 에너지

- 기후변화는 인류 생존의 문제와 연계
- 미래에너지 개발과 운영은 새로운 시대로의 전환을 준비하는 중요한 내용

경제에서 제품과 서비스의 흐름은 제품기획, 디자인, 원료, 구매, 제조, 생산, 분배, 운송, 판매, 사용, 재활용, 폐기 등의 흐름을 이룬다. 각 단계마다 창조적인 아이디어로 제한된 자원과 에너지를 효율적으로 이용하고 환경오염을 줄이기 위하여 기술개발에 노력해야 한다.

인간의 창조성이 더욱 중요해짐에 따라 인간 이해와 근무 여건에 대한 변화가 이루어지고, 개개인의 창조성 개발을 위한 노력뿐 아니라 집단지성을 통한 연구 개발 역시 매우 중요한 상황이다.

기후변화는 지구적인 범위의 문제로서 인류 생존의 문제와 연계되므로 제4차 산업혁명의 범위를 넘어서는 것으로 제4차 산업혁명에서 매우 중요한 비중을 차지하지 않을 수 없다. 특히 모든 산업의 근간이 되는 미래에너지의 개발과 운영은 새로운 시대로의 전환을 준비하는 매우 중요한 내용이다.

독일의 경우, 1970년대부터 신재생에너지 확산을 지원해 왔다. 2000년 재생에너지법을 발효했고, 2009년 집권한 메르켈 정부는 2050년까지 화석 에너지 의존도를 낮추고 신재생에너지원을 확대하여 궁극적으로는 원전을 폐쇄하겠다는 에너지 전환의 내용을 담아 '에너지구상 2010(Energy Concept 2010)'을 발표하였으며, 2011년에는 후쿠시마 원전 사태를 계기로 2022년까지 모든 원전을 폐쇄하기로 결정하고, 에너지구상 2010을

개정한 '에너지패키지(Energy Package)'를 발표하였다. 이를 통하여 원전 포기 확정, 에너지전환 가속화, 구체적 지원안 등을 수립하였다.

이러한 결과로 2014년에 독일의 최종 에너지 소비량 중 신재생에너지 비중은 전기의 27.4%, 냉난방의 12.2%, 수송연료의 5.6%로 증가하였고 탄소 배출량은 1990년 대비 27% 감소하였다. 지난 20년간 신재생에너지 비중을 확대하면서도 에너지 수입액 절감과 신산업 창출을 통해 경제 성장을 달성하고 37만개의 일자리를 창출하였다.[1)]

2011년 후쿠시마 원전 사태를 경험한 일본은 안전성(Safety)이라는 대전제하에, 에너지 안정공급(Energy Security)을 제1 과제로 삼고, 경제효율성(Economic Efficiency) 향상을 통한 저비용 에너지 공급을 실현하며, 더불어 환경에 대한 적합성(Environment)을 구현(3E+S)하기 위해 최대한의 노력을 기울이고 있다. 또한 다층화 · 다양화된 유연한 에너지 수급 구조를 구축함으로써, 각 에너지원의 장단점을 고려하여 안정적이고 효율적인 에너지 수급이 가능한 다층적 에너지 공급 체제를 형성하고, 저비용 에너지 수급 구조 구축으로 국내 산업 활동 여건을 개선하기 위하여 노력 중이다.[2)]

특히 후쿠시마 원전사고로 일본의 48개 원전 가동이 중단되어 전력난이 가중되면서 일본 정부는 2030년까지 신재생에너지 발전량을 30%까지 확대할 계획이다.

---

1) 송용주, 독일 에너지전환 정책의 추이와 시사점, KERI Brief, 한국경제연구원, 2016.

2) Kotra, 원전사고 이후 변화 된 일본 신재생에너지 시장 진출 방안, Global Market Report, 14-047, 2014.

04 지속가능한 지구의 방향과 대책

지속가능성을 향한 구체적 적용

- 제도적 측면 : 경제성 중심에서 환경성/사회성/경제성 중심으로 패러다임 변화
- 조직적 측면 : 지속가능경영시스템을 운영하는 한편, 국제표준인 사회적 책임 표준을 구체화 하고 적용
- 기업의 사회적 책임에 대한 요구 및 관심 증대

우선 제도적 측면에서 경제성 중심에서 환경성/사회성/경제성 중심으로 패러다임을 변화시켜야 한다. 모든 평가에 지속가능성 항목(특히 환경성, 사회성)을 구체화하여 반영하고, 지속가능발전법, 개인정보보호법, 사전 규제 등과 같은 관련 법률 및 제도를 점차 강도 있게 개선해야 한다.

조직적 측면에서는 지속가능경영시스템을 운영하는 한편, 국제표준인 사회적 책임 표준(ISO 26000)을 고려하여 각 조직에 적합하도록 구체화

하고 적용할 필요가 있다.

기술적 측면에서는 지속가능개발목표 9에 '회복력 있는 사회기반시설 구축, 포용적이고 지속가능한 산업화 증진 및 혁신 촉진'이라 제시된 것처럼 4차 산업혁명의 기술 혁신이 매우 필요한 상태다. 유엔의 17개 목표를 달성하기 위해서는 기술혁신의 도움이 없으면 매우 힘든 상황이라 하지 않을 수 없다. 또한 4차 산업혁명의 방향 역시 인류의 생존과 발전뿐 아니라 제한된 자원과 시간 내에 효과적인 진행을 위해서는 지구의 위기가 우선시되지 않을 수 없다. 이것을 위하여 기업뿐 아니라 정부도 구체적인 방향과 방법으로 슬기롭게 풀어가야 할 것이다. 즉, 각 분야마다 지속가능성과 기술 혁신을 함께 고려함으로써 많은 시행착오를 줄일 수 있을 것이다.

국제적으로 4차 산업혁명의 방향으로 진행하는 공유경제에 대한 계획과 방법 등에 대하여 보다 깊은 연구와 창조적 아이디어가 필요하다. 그 방향이 잘못되었을 때는 지금보다 더욱 심화된 양극화로 스스로 빠져나오기 힘든 어려움에 처할 수 있다.

사회적 책임(Social Responsibility)은 조직의 경영 의사결정과 활동이 사회와 환경에 미치는 영향에 대해 투명하고 윤리적인 행동을 통하여 기업이 지는 책임으로 그 목적은 지속가능성 제고에 기여하는 데 있다. ISO 26000은 사회적 책임에 관한 국제표준으로 조직이 지켜야 할 사회적 책임의 7대 핵심 이슈로 지배구조, 인권, 노동, 환경, 공공거래 관행, 소비자 이슈, 지역사회 참여와 발전을 제시하고 있다. 2010년 국제표준으로 제정되었고, 우리나라도 이를 국가표준으로 채택하였다.

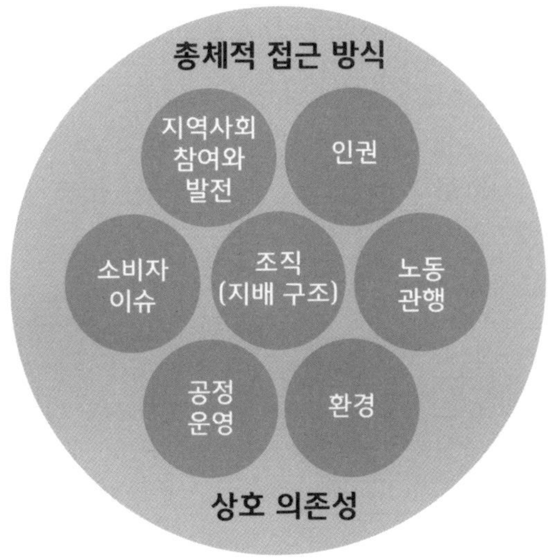

ISO 26000은 조직이 지켜야 할 사회적 책임의 7대 핵심 이슈를 제시하였다.

[표 5-2] ISO 26000의 7대 핵심 이슈에 대한 주제 및 지침

구분	핵심 주제 / 이슈에 관한 지침
조직 지배구조	설명 책임, 투명성, 윤리적 행동, 이해관계자의 이해관계 존중, 의사결정 및 실행에 있어 법 존중 원칙과 관행 통합
인권	인권 위험 상황, 공모 회피, 고충처리, 차별과 취약집단, 시민의 권리와 정치적 권리, 경제적 · 사회적 · 문화적 권리, 직장에서의 기본원칙과 권리
노동관행	고용과 고용관계, 근로조건과 사회적 보호, 사회적 대화, 직장에서의 보건과 안전, 직장에서의 인적자원 개발 및 훈련

구분	핵심주제 /이슈에 관한 지침
환경	오염 방지, 지속가능한 지원 이용, 기후변화 완화와 적응, 환경보호와 자연서식지 복원
공정한 운영관행	부패 방지, 책임 있는 정치 참여, 공정 경쟁, 영향력 범위 내에서의 사회적 책임 촉진, 재산권 존중
소비자 이슈	공정 마케팅, 소비자 보건과 안전 보호, 지속가능한 소비, 소비자 서비스, 지원 및 불만과 분쟁 해결, 소비자 정보 보호와 개인정보 보호, 필수 서비스에 대한 접근, 교육과 인식
지역사회 참여와 발전	지역사회 참여, 교육과 문화, 고용 창출과 스킬 개발, 기술 개발과 접근성, 부와 소득 창출, 보건, 사회적 투자

기업의 힘과 영향력이 점차 증가하고 다양한 이해관계자들에게 끼치는 영향력이 커져감에 따라 전 세계적으로 '기업의 사회적 책임'이 특히 강조되고 있다. 해외 선진 기업들은 '기업의 사회적 책임'을 규제가 아닌 기업시민으로서 마땅히 지켜야 할 책무로 받아들이는 동시에 기업 가치와 경쟁력을 높이는 핵심 철학과 전략으로 기업문화에 접목하고 있다.

국내 기업의 '기업의 사회적 책임' 수준은 국제표준으로 제정되기 이전부터 진행되었지만, 질적인 측면에서 아직 낮은 수준을 벗어나지 못하고 있다. 그러나 미디어에 나타난 가습기 살균제 사태, 삼성반도체 백혈병, 대우조선해양 분식회계, 폭스바겐 배기가스 조작사건, 재벌의 경영권 분쟁, K스포츠 · 미르재단, 삼성물산 · 제일모직 합병 등과 관련한 정경유착, 일감 몰아주기 등 기업이 불법과 탈법을 저지르고 사회적 물의를 일으키는 경우가 증가하면서 국민들의 '기업의 사회적 책임'에 대한 관심과 요구가 높아지고 있다.

유럽연합은 유럽 차원의 '기업의 사회적 책임' 전략을 수립하여 회원국들에게 배포하여 각 나라 실정을 반영한 액션플랜을 수립하도록 권고하고 있으며 특히 독일, 영국, 덴마크 등은 이것을 통하여 기업들의 경쟁력을 강화하여 가고 있다.

또한 제4차 산업혁명을 이끄는 국가 중 하나인 독일은 국가 차원의 '기업의 사회적 책임' 전략을 법적 제도로 도입하여 기업의 사회적 책임 확대를 위한 행동 계획(CSR Action Plan)을 도입하였다. 이것은 독일이 글로벌화의 경제 및 사회적 도전을 성공적으로 성취하기 위해서는 일관성 있게 실행에 옮기는 것을 중요하게 생각하고 제도화했음을 보여 준다.

우리나라는 국제적인 '기업의 사회적 책임' 흐름에 따른 대응을 제대로 하지 못하고 있고 정부 정책도 일시적인 관심을 가졌을 뿐 일관성있고 지속적인 노력을 기울이지 못하고 있다. 또한 규제 개혁을 위한 노력을 기울이고 있으나 그 효과가 그렇게 크지 않은 상황이다. 그러므로 근본적으로 제도적, 법적 및 기존 이권의 재검토와 개선이 필요한 때라고 할 수 있다.

마지막으로 인력 측면에서 지속가능성에 대한 이해 교육과 전체 조직 차원에서 전문인력 양성으로 변화 추진 동력을 확보해야 하고, 소비자에 대한 친환경 및 지속가능성 의식제고를 위한 교육 인력을 양성해야 한다. 그러므로 전반적인 혁신의 성공을 위해서는 정부, 기업, 시민 등 측면에서 강한 의식 변화와 지속적인 관리가 이루어져야 할 것이다.

에너지 개발과 효율성 제고

- 에너지 공급의다양화 필요
- 기후변화협약 등 환경규제에 대응하기 위한 청정에너지 비중 확대 중요
- 신재생에너지 및 미래 에너지 개발 시급
- 스마트그리드의 중요성 확대
- 기업의 효과적인 에너지관리 방안으로 에너지경영시스템 제시

현재 화석연료의 고갈로 인한 자원 확보 경쟁 및 고유가의 지속 등으로 에너지 공급 방식의 다양화가 필요하고, 기후변화협약 등 환경규제에 대응하기 위한 청정에너지 비중 확대의 중요성이 증대하고 있다.

이러한 상황에서 신재생에너지[1] 개발이 더욱 중요해지고 있다. 《신에너지 및 재생에너지 개발 · 이용 · 보급 촉진법》에 따르면 신에너지란 연료전지, 석탄액화가스화 및 중질잔유가스화, 수소 에너지 등을 말하며, 재생에너지란 태양광, 태양열, 바이오, 풍력, 수력, 해양, 폐기물, 지열 등을 말한다. 그러므로 전기에너지의 효율성을 제고시키고, 저장 장치를 개발하여야 하며, 생체 에너지, 퀀텀 에너지, 공간 에너지 등과 같은 미래 청정에너지를 연구 · 개발하여야 하며, 4차 산업혁명의 기술 혁신이 더욱 필요한 분야라 할 수 있다.

한편 최근 스마트그리드가 제2차 전력혁명이라고 불리고 있다. 스마

1) 신재생에너지란 신에너지와 재생에너지를 합쳐 부르는 용어로 화석에너지 고갈과 환경 문제 대두로 관심이 높아지고 있음

트그리드란 전기 및 정보통신 기술을 활용하여 전력망을 지능화 · 고도화함으로써 고품질의 전력서비스를 제공하고 에너지 이용효율을 극대화하는 전력망이다. 스마트그리드는 에너지 효율 향상에 의해 에너지 낭비를 절감하고, 신재생에너지에 바탕을 둔 분산전원의 활성화를 통해 에너지 해외 의존도 감소 및 기존의 발전설비에 들어가는 화석연료 사용 절감을 통한 온실가스 감축 효과로 지구 온난화도 막을 수 있는 중요한 방법 중 하나로 본다. 이것은 스마트시티를 구성하는 중요한 요소로 볼 수 있다.

또한 이상고온 현상으로 전력난 및 장기화되는 고유가 등으로 인해 에너지 관리 패러다임이 공급에서 수요로 전환되면서 에너지경영시스템(ISO 50001)이 기업의 효과적인 에너지 관리 방안으로 제시되고 있다. 이것은 국제적으로도 추진 중인 내용으로 기존 에너지뿐 아니라 온실가스를 조직 단위로 통합 관리할 수 있는 효과적인 도구라 할 수 있다. 에너지경영시스템은 최고경영자를 포함하여 조직 구성원 전체가 에너지 절약 및 효율 개선과 관련된 일련의 활동을 체계적으로 계획하고 목표를 수립하여 지속적으로 이행하여야 한다는 것이다. 정부기관이나 에너지를 많이 쓰는 조직 우선으로 전사적인 에너지경영을 추진토록 규정화하고 에너지경영시스템을 구축하고 신뢰성 있는 에너지성과평가를 통하여 실질적으로 에너지 절감 성과가 나타나도록 하여야 한다.

저탄소 복지 경제

- 우수한 탄소 이용 및 저장 기술 개발 및
  많은 저탄소 제품 개발 시급
- 개발도상국들의 탄소 저감 프로그램 개발 필요

지구의 기온이 상승하고 있고 지구온난화 문제가 범지구적인 화두로 대두된 지는 이미 오래되었다. 해수면 상승으로 많은 섬들이 지도에서 사라지고, 야생 동식물들이 멸종될 것이라는 전망과 함께 태풍, 허리케인 등 충격적인 이상기후가 계속 나타나고 있다. 따라서 우수한 탄소 이용 및 저장 기술이 개발되어야 하고, 많은 저탄소 제품 개발이 시급하다.

유럽연합은 이미 2007년부터 2020년까지 온실가스 배출량을 '자발적'으로 1990년보다 20% 이상 줄이는 계획을 승인했다. 이미 10년 전부터 유럽연합은 새로운 기회와 경쟁력을 위한 전략으로 기후변화대책을 선택하여 진행하고 있다.

2014년 9월 환경부와 산업통상자원부는 2016년부터 자동차 온실가스 기준이 현행 140g/㎞에서 2020년까지 97g/㎞까지 강화하겠다고 발표했다. 이러한 상황에서 자동차와 같은 기존 제품의 저탄소 제품으로의 무료 전환 프로그램을 개발하여야 한다.

한편 선진국에 대한 탄소 저감 규제가 강화되고 있지만, 소비재화 제작이 선진국이 아닌 개발도상국에서 진행되고, 소비재의 수출입이 증가하면서 탄소 배출량은 더욱 증가하고 있다. 이에 따라 소비기반형 에너지 모델링을 통해 개발도상국도 탄소 저감 제품 생산에 적극적으로 나서야 할 것이다. 범지구적인 환경 문제 해결을 위해 개발도상국들에서도 탄소 저감 프로그램 개발이 필요하다. 이것을 위하여 기존에 다양한 경험을 하고 있는 한국의 역할이 중요해지고 있다고 할 수 있다.

자연보호와 자원 효율성 제고

- 현재 우리나라는 생물다양성 보전 및
  지속가능한 이용에 있어 전 지구적 환경 이슈 논의 및 대응에 적극 동참
- 자연자원의 보호를 위한 시스템 구축,
  생물종 다양성을 위한 제도, 자원효율성 제고를 위한 제도 구축 필요

현재 우리나라는 생태계 분야에서 생물다양성협약(CBD, 1994년 가입), 멸종위기에 처한 동식물의 국제거래에 관한 협약(CITES, 1993년 가입), 유엔사막화방지협약(UNCCD, 1994년 가입), 습지보전을 위한 람사르협약(Ramsar, 1997년 가입), 국제열대목재기구(ITTO, 1985년 가입) 등과 같은 주요 국제환경협약에 가입하여 생물다양성 보전 및 지속가능한 이용에 있어 전 지구적 환경 이슈 논의 및 대응에 적극 동참하고 있다.

이러한 활동과 함께 자연자원의 보호를 위한 시스템을 구축하고, 생물종 다양성을 위한 제도, 자원 효율성 제고를 위한 제도를 구축하여야 한다. 특히 자원 효율성 제고를 위한 연구, 기술 개발이 선진국 수준으

로 이루어져야 한다. 즉, 과거 제품 하나를 생산하는 데 자원과 에너지가 1이 사용되었다면 앞으로는 제품 하나를 생산하는 데 자원과 에너지가 1/10이 사용(Factor 10)되는 기술이 개발되어야만 생존이 가능한 상황이라 할 수 있다.

초·미세먼지 현황과 대응

- 미세먼지는 에너지 수지에 영향
- 초 · 미세먼지가 인간과 산업에 미치는 영향 조사 및 발생 현황과 원인에 대한 대책 강구 필요

초미세먼지란 지름 2.5마이크로미터(PM 2.5)이하의 먼지로 학술적으로는 에어로졸(aerosol)이라고 한다. 입자의 크기가 작을수록 건강에 미치는 영향이 크다는 결과에 따라 선진국에서 미세입자에 대한 기준을 90년대 후반부터 도입하기 시작했다.

미세먼지는 태양복사를 흡수하고 이를 다시 대기 공간으로 산란시켜 에너지의 수지에 영향을 미친다. 미세먼지는 다양한 발생원을 가지고 있다. 사막 지역, 육지 표면, 산불, 바닷물, 화산폭발 등에 의해 대량의 먼지 입자가 대기 상층으로 유입될 수 있다. 또한 인간 활동으로 나오는 것으로 바이오매스나 화석연료의 연소에서 발생하는 황화물과 검댕 등이 있다. 황화물 입자들은 특히 중요하다. 이것은 석탄과 석유를 연소시

키는 발전소와 공장 등에서 다량 발생한다. 이들 미세먼지의 복사효과는 규모면에서 현재까지 인간활동에 의해 발생한 온실가스의 효과에 비교할 만하다고 한다.

요즘 방송에 나오는 미세먼지는 분진(粉塵)이라고도 하며 아황산가스, 질소 산화물, 납, 오존, 일산화탄소 등과 함께 수많은 대기오염물질을 포함하는 대기오염 물질을 말한다. 이러한 초 · 미세먼지가 인간과 산업에 미치는 영향을 조사하는 한편, 발생 현황과 원인에 대한 대책이 강구되어야 한다.

이와 함께 국내적으로는 화력발전소와 차량의 초 · 미세먼지 발생 현황과 저감 기술이 개발되어야 하며, 국외적으로 중국 초 · 미세먼지의 한국에 대한 환경 영향 현황과 대책이 개발되어야 한다.

재난 안전체계 및 대응 관리

- 지구온난화에 따른 기후변화로 인한 비상사태 대비, 대응 필요
- 온실가스 감축 및 적응에 대한 다양한 노력 필요

지구온난화로 인한 기후변화가 국내외적으로 큰 이슈가 되고 있다. 전지구적으로 평균기온이 올라가고 강우강도가 높아지면서, 폭염, 홍수와 같은 극한 현상이 자주 발생하고 있으며 이에 따른 자연재해도 급증하는 추세이다. 따라서 각 비상사태에 대한 대비, 대응이 필요하다.

주요 선진 국가들은 기후변화와 관련된 급격한 환경변화에 대비하여 각 국가별로 근본적인 온실가스 감축 및 적응 전략을 수립하여 시행하고 있으며, 이러한 온실가스 감축 및 적응은 자국민에 대한 피해 최소화라는 소극적인 노력에서부터 기후변화 산업을 육성하는 등 적극적인 노력에 이르기까지 다양하게 이루어지고 있다.

다양한 자연재해가 많이 발생하는 일본은 방재체제 정비, 국토보전정책 추진, 기상예보의 강화, 재해정보의 전달 수단 구축 등 꾸준히 재난대응능력 향상을 통해 자연재해 저감 노력을 기울여 오고 있다. 재난 관리에 있어서는 중앙정부, 지방정부, 공공기관, 민간 그리고 주민 등의 협력을 통한 효율적 관리가 필요하다는 인식하에 2001년 중앙성청 재편에 의해 방재 분야가 내각의 중요 정책으로 정해져서 내각부에 방재부문을 둠으로써 행정 각부의 시책의 통일을 도모하여 신속하고 효율적인 대응이 가능하도록 종합적으로 조정하고 있다.

우리나라도 기후변화, 화학사고 등과 같은 각종 재난 대응을 위하여 시스템 및 조직을 구축하고 있으나 실질적인 효과를 얻기에는 매우 미흡한 실정이다. 부문별로 각종 시나리오를 구체적으로 만들어야 하며 더구나 다양한 경우에 적합한 훈련을 하여야 많은 피해를 줄일 수 있을 것이다. 따라서 각종 재난 형태에 맞는 다양한 매뉴얼을 개발하고 훈련하여야 한다. 또한 재난 대응을 위한 기술 및 제품도 개발을 하여 재난산업도 활성화할 필요가 있다. 특히 재난을 사전에 예방할 수 있는 모니터링 시스템을 한국 특성에 맞게 구축하고 대비하여야 한다.

그린 IT

- 각국의 정부및 민간단체들은
  글로벌 기후변화의 핵심 대응수단으로서 그린 IT를 정의
- 환경을 파괴하지 않고 지속될 수 있는 정보기술을 유지하며,
  정보기술을 활용하는 방안 필요

정보기술(IT) 분야는 이제 우리 사회에 있어 가장 중요한 필수 인프라로 인식되고 있다. 정보기술은 21세기에 접어들면서 전 세계에서 본격적으로 논의되고 있는 지속가능사회 구현의 핵심 수단으로서 그 역할이 주목되고 있다. 정보기술은 정보와 자원 이용의 효율성을 제고하는 특성을 이용해 에너지 절감, 탄소 배출 저감 등 사회 각 분야에서의 에너지와 환경문제에 효과적으로 대응할 수 있는 도구가 되었다. '그린 IT'는 이러한 정보기술의 역할을 담고 있는 의미로, 각국의 정부 및 민간단체들은 글로벌 기후변화의 핵심 대응 수단으로서 그린 IT를 정의하고 있다.

우리 정부는 그린 IT를 '에너지 절감, 탄소 배출 저감, 자원 이용의 효율성 향상 등을 통해 가정, 산업 등 사회 각 분야에서의 에너지와 환경문제 해결에 기여하는 정보기술(지식경제부, 2009)'이라고 정의하며 지속가능사회 구현을 위한 수단으로서의 정보기술을 강조하였다. 제4차 산업혁명을 추진하는 데 있어 기본적인 분야이며 우리의 강점이 있는 분야라 하지 않을 수 없다. 그러나 지속적인 투자의 부족으로 제4차 산업혁명의 추진에 선진국과 간격을 느끼지 않을 수 없는 모습이어서 많은 투

자가 필요한 분야이다.

환경을 파괴하지 않고 지속될 수 있는 정보기술을 유지하며, 정보기술을 활용하는 방안으로 아래의 세 가지를 들 수 있다.

1) 에코디자인 연구개발 및 다양하고 효과적인 소프트웨어, 앱 및 플랫폼을 개발
2) 빅데이터 등과 같은 4차 산업혁명의 추진에 따른 막대한 에너지 소비 감축방법을 개발
3) 우리나라 특성에 맞는 4차 산업혁명의 기술과 운영 모델 및 전략을 개발

도시농업

- 도시의 다양한 공간을 활용해 식량을 생산
- 도시농업을 통한 지속가능한 농업 시행 가능
- 수직 농장은 미래사회의 식량문제를 해결할 수 있는 효과적인 방법

도시농업이란 도시의 다양한 공간을 활용해 식량을 생산하는 방식을 말한다. 도시의 빈 공터나 건물의 옥상 등에서 우리에게 필요한 다양한 작물을 재배하는 것이다. 지금까지 우리는 더 많은 식량을 생산하기 위해 대규모의 토지에서 작물을 재배하고, 가축을 기르면서 여러 가지 화

학비료와 농약 등을 사용해 왔다. 그러나 이제 도시농업에서는 과거와는 달리 자연친화적인 농법을 통해 작물을 재배하고, 이를 소비한다. 따라서 더 많은 생산물을 얻기 위해 인간과 환경에 치명적인 영향을 미쳤던 화학비료나 농약을 마구 사용할 필요가 없다. 도시농업을 통하여 지속가능한 농업을 시행할 수 있는 것이다.

수직 농장은 미래 사회의 식량 문제를 해결하는데 효과적인 방안이 되고 있다.

도시농업의 또 다른 형태로는 수직 농장(vertical farming)을 들 수 있다. 수직 농장은 건물 내 통제된 일정한 공간에서 빛, 온도, 습도, 이산화탄소 농도 및 배양액 등 작물을 재배하는 데 필요한 요소들을 인위적으로 조절함으로써 생산물을 얻는 새로운 시스템이다.

수직 농장의 장점은 토양과 물의 사용이 적고, 공간을 효율적으로 사용할 수 있다는 것이다. 따라서 도시 내에서 식량을 자급자족할 수 있으며, 사막과 같이 농사가 불가능한 지역에서도 농사를 할 수 있다. 이러한 점에서 수직 농장은 100억 명이 넘는 인구를 부양해야 하는 미래 사회에서 식량 문제를 효과적으로 해결할 수 있는 방법으로 떠오르고 있다. 또한 실내에서는 해충이나 질병 발생에 대한 통제가 쉽기 때문에 농약을 사용할 필요도 없을 뿐만 아니라 생산지와 소비지와의 거리가 짧기 때문에 운송비용을 절감할 수도 있다.

한국 고유의 친자연적 문화 개발

- 인간의 간섭을 최소화하고
  자연을 가능한 한 있는 그대로 유지하려는 한국의 문화
- 한국의 문화는 미래 정신문명을 리드할 수 있기 때문에
  그 원리 연구 필요

유럽은 산업혁명과 제국주의를 거치면서 자연을 정복하려는 이데올로기를 가지고 있었다. 하지만 동아시아 3국은 친자연적인 성향을 가지고 있다. 그러나 중국, 일본과 한국은 자연을 바라보는 관점에서 차이가 있다.

일본이나 중국은 인간의 노력으로 자연을 만들려고 시도하였다. 하지만 한국은 인간의 간섭을 최소한으로 줄이고 자연을 가능한 한 있는 그대로 유지하려고 하였다. 일본의 정원, 중국의 자금성이나 만리장성을 보면 쉽게 이해할 수 있다. 한국의 예술과 문화는 다른 어느 나라보다 친자연적인 성향이 강하며, 자연에 대한 배려가 강하다. 우리에게는 천지인 정신을 바탕으로 한 철학이 깊이 내재하여 있으므로 지구에 대한

조화관이나 생명관을 현대화할 필요가 있다. 한류가 세계적으로 폭을 넓혀 가는 것도 이것과 무관하지 않을 것이다.

이러한 한국의 문화는 미래 정신문명을 리드할 수 있기 때문에 그 원리를 연구하는 것이 필요하다. 또한 우리 고유의 풍류도를 연구하고 한국적 예술세계의 현황과 방향을 전개하여 한국적 미의 세계와 제품을 개발하고 이를 전 세계에 알리려는 노력이 필요하다. 우리가 원래 갖고 있는 장점을 발굴하여 가면 더욱 빠른 성취를 이룰 수 있을 것이다.

특히 지속가능성은 자연을 항상 고려하는 친자연적인 속성이 내재되어 있다고 할 수 있으며 환경성뿐 아니라 경제성, 사회성의 측면에 또 하나의 축인 문화성 측면의 적용이 중요하다고 할 수 있다.

통합 경영

- 조직의 시스템은 자연순환의 원리를 바탕으로 하는 것으로 노하우 축적에 필수불가결한 요소
- 조직, 사회의 활성화뿐 아니라 미래세대의 안녕을 위하여 시스템의식과 적용이 중요
- 각 조직은 일자리 창출 방법 개발, 제한된 자원 절약, 인간의 창조성 개발, 공존의 지혜가 요구

조직은 환경, 에너지, 안전, 품질, 지속가능성 등을 포괄하는 시스템을 기존 경영시스템에 함께 구축, 운영하는 경영으로 시간과 비용의 절

감과 효율성을 제고할 수 있다. 시스템은 자연 순환의 원리를 바탕으로 하는 것으로 노하우를 축적해 가는 데 필수 불가결한 요소라 하지 않을 수 없다. 우리가 가장 취약한 부분이라 할 수 있는 연계성을 강화하여 조직 · 사회의 활성화뿐 아니라 미래 세대의 안녕을 위하여 시스템의식과 적용이 매우 중요하다.

따라서 리더십은 갈수록 그 중요성이 증가하고 있으며 통합적인 안목과 시스템을 중심으로 빠른 대응을 해 나가지 않을 수 없는 상황이다. 전체를 가장 정확히 보는 것만이 문제를 해결할 수 있고 영속할 수 있는 길이다.

환경의 문제는 결국 인간의 문제이다. 현재 정보통신기술(ICT)의 혁신으로 인하여 발생하는 인력 감소에 대하여 각 조직은 이것을 극복할 책임의식과 대체 일자리 창출 방법을 개발하여야 한다. 또한 지구 대변혁시기에 접어듦에 따라 제한된 자원을 절약하고 무한한 자원인 인간의 창조성을 개발하고 집단지성을 활용하는 공존의 지혜가 필요하다.

우리의 정치, 경제, 사회, 교육, 조직 전반적으로 내재해 있는 장애를 제거하여, 차후 벌어질 제5, 6, 7차 산업혁명의 장기적 비전을 생각하며 그 기반을 만들어 가는 사람 중심의 새로운 인간학이 필요하다. 로봇이 아무리 잘 개발되어도 이것을 두려워하지 않는 인간학과 지혜가 필요하다.

CHAPTER 6

제4차 산업혁명 시대에서 인간의 역할

산업혁명을 맞이하여 인공지능, 로봇, 유전자 공학 등과 같은 신기술이 논란이 되고 있다. 기계가 인간의 일자리를 대신하고 유전자 공학이나 로봇기술의 발달로 인간의 수명 연장을 위해 인간의 몸을 대체할 사이보그나 장기가 개발될 수 있는 상황이 온 것이다. 이러한 미래의 상황을 디스토피아(dystopia)라며 암울하게 바라보는 사람들도 많다.

클라우드 슈밥 세계경제포럼 회장은 2016년 10월 18일에 열린 '2016 국제법률심포지엄'에서 다음과 같이 말했다.

"제4차 산업혁명은 우리의 정체성, 우리가 누구인가를 바꿔 놓는다. 지난 산업혁명이 일을 쉽게 잘할 수 있도록 도왔다면, 제4차 산업혁명은 인간의 본질과 사고방식, 인간관계를 바꾸고 있다."

클라우드 슈밥은 제4차 산업혁명이 가져올 변화 중 가장 핵심이 '정체성의 변화'라고 하였다. 그는 "제4차 산업혁명은 인간의 본질에 영향을 미칠 것"이라며 "우리가 하는 일뿐만 아니라 사고방식과 인간관계, 즉 '무엇'이 아니라 '누가'라는 부분까지 바꾸고 있다"고 강조했다.

로봇의 발전은 각종 재해와 산업화에서 인간을 자유롭게 해 줄 것이다. 고령화 사회에서는 가장 인간에게 가까운 친구가 되어 줄 것이다. 하지만 앞으로 인간은 과연 무엇을 해야 하는가라는 과제가 남는다.

01 사람과 인공지능의 공존

– 인간의 한계를 뛰어넘게 해 줄 구원의 기술

– 인류의 생존을 위협할 치명적 기술

인공지능은 전문가들 사이에서 찬성과 반대가 극명하게 갈리는 기술 중 하나이다. 한쪽에서는 인간의 한계를 뛰어넘게 해 줄 구원의 기술로 평가한다.

인공지능 개발이 인류에게 큰 도움을 줄 것이라고 주장하는 대표적인 인물은 구글의 인공 지능 개발 이사이자 세계적인 미래학자인 레이 커즈와일(Ray Kurzweil)이다. 그는 인공지능이 인간의 지성을 뛰어넘게 되는 시기는 2045년이라고 주장하며, 이 시기가 되면 첨단 과학기술의 발전 속도가 감당할 수 없을 정도로 빨라지게 될 것이라고 말했다. 또한 그는 인공지능이 고도로 발달하게 되면 인간과 결합하여 신인류가 등장할 것이라고 예측했다. 페이스북 CEO인 마크 저커버그는 인공지능이 사람을 살리고, 우주와 지표면 아래를 탐사할 수 있게 해 줄 것이라고 주장하며, 자신은 영화 《아이언맨》에 나오는 인공지능 비서 '자비스'와 같은 일상생활 도우미 인공지능을 만들겠다고 말했다.

반면, 인공지능 개발이 인류의 생존을 위협하게 될 것이라고 주장하는 사람들도 있다. 대표적인 인물은 영국의 우주물리학자 스티븐 호킹(Stephen William Hawking) 박사다. 그는 100년 안에 인류가 인공지능을 갖춘 기계에 종속되고, 결국 인류는 멸망하게 될 것이라고 경고했다. 미국의 전기자동차 회사인 테슬라의 엘론 머스크(Elon Reeve Musk) CEO는 언젠가는 인공지능을 갖춘 로봇들이 인간에게 전쟁을 일으켜 종말이 올 곳이라고 했다.

1973년에 TV에서 방영된 일본 애니메이션 《신조인간 캐산》은 지구 환경을 보존하기 위해 만든 인공지능이 결국 인류의 멸망이 지구 환경 보존에 가장 유효하다는 결론을 내려 로봇군단을 만들어 인류를 멸망시키려 한다는 것이 배경이다. 1984년부터 시리즈로 나오고 있는 영화 《터미네이터》에서 등장하는 인공지능은 '스카이넷'은 인류를 바이러스로 규정하여 인류와 전쟁을 벌인다.

초지능의 발전을 우려하는 사람들은 위와 같은 경우를 우려한다. 그들은 "초지능이 생겨나면, 인간보다 훨씬 높은 수준의 지능을 지니고, 특정한 목적을 수행하기 위해 만들어진 프로그램이기 때문에, 특정한 목적을 달성하기 위해서 초지능보다 훨씬 미개한 존재인 인간에게 연민의 정을 느낄 필요도 없으므로 인류를 멸종시킬 수도 있다."라고 말한다.

인공지능에 관한 상반된 주장들이 제기되고 있기 때문에 인공지능을 어디까지 개발을 하여야 할 것인가에 대하여 생각할 필요가 있다. 인공지능이나 로봇은 인간이 하기 어려운 고강도 업무에 투입되고, 멀리 가지 않아도 원격으로 다른 지역의 공장과 센터를 관리할 수 있다. 빅데이터를 통한 업무 구조 혁신은 물론 인공지능 프로그램, 사물인터넷으로 공장을 혁신적으로 변화시킬 수 있다. 각 상황에 따른 최적의 판단 역시 인공지능이 하게 될 것이다. 이러한 장점들을 무시한 채 인공지능 개발을 더 이상 하지 않는다는 것은 불가능해 보인다. 그렇다고 인공지능이 가져올 불확실성에 대하여 아무런 대비 없이 개발을 하는 것도 위험한 일이 될 것이다. 이러한 상황에서 인공지능 시대를 맞이하여 인공지능의 법적 · 윤리적 책임에 대한 규제가 필요하다는 목소리가 높아지고 있다.

인공지능 윤리 문제

- 인공지능에 대한 윤리지침 마련 필요
- 사람과 인공지능 간의 신뢰관계가 중요

2016년 9월 구글의 지주회사인 알파벳, 아마존, 페이스북, IBM, MS 등 세계 굴지의 IT 기업들이 모임을 갖고 인공지능 제작과 관련된 토의를 한 바 있다. 또한 미국 전기 전자 학회(IEEF) 역시 2016년 9월에 인공지능 윤리와 관련된 문서를 발표하였다. 미국 전기 전자 학회가 발표한 이 문서에는 인공지능 제작에 앞서 관심을 기울여야 할 것으로 인권, 책임, 투명성, 교육이라는 4가지 이슈를 제시하고 있다.

우선 인권은 인공지능을 만들기에 앞서 인권을 침해하고 있는지에 대한 여부를 판단해야 한다는 것이다. 2017년 7월, 중국이 인공지능을 이용한 범죄예측 예방 기술을 추진 중이라는 기사가 나온 바 있다. 중국에서 범죄를 예방하기 위한 인공지능을 개발하고 있는데, 이 인공지능은 범죄 예측 기술을 위해 개인정보를 활용하고 있으며, 수시로 시민들을 감시하면서 범죄가 발생하기 전에 용의자를 체포할 수 있도록 할 것이다. 마치 영화 《마이너리티 리포트》[1)]에 나오는 '예지자'와 같은 일을 인공지능이 한다는 것이다. 이러한 인공지능의 개발은 동의 없이 개인정보를 활용한다는 점과 중국에서는 범죄 기도 협의만으로도 기소가 가능하기 때문에 오판에 의한 피해자가 생길 것이라는 인권침해 요소가 있어 논란이 예상된다.

두 번째 지침은 책임은 인공지능에 의하여 문제가 발생했을 경우, 그 책임에 관한 것이다. 가령, 현재 의료계에서 도입 중에 있는 IBM의 왓슨에 의하여 의료 사고가 발생한다면 그 책임은 누구에게 물어야 하는가? 이에 대한 토론회가 국내에서 2017년 4월에 열렸다. 이 토론회에서 인공지능은 비의료 기기이기 때문에 그 책임은 의사에게 있다는 주장이 많이 나왔다. 이처럼 판단을 할 수 있는 사용자가 있다면 책임 소지가 분명해 질 수 있다. 하지만 다른 예를 들어 보자. 자율주행자동차가 주행을 하다가 앞에 마주오는 차를 발견하게 된다. 자율주행자동차는 운전자를 살리기 위해 여러 명의 보행자를 희생시킬 수도 있고, 여러 명의 사람들을 살리기 위해 운전자와 상대방 운전자만을 희생시킬 수도 있

1) 스티븐 스필버그의 2002년 영화로, 2054년 범죄가 일어나기 전 범죄를 예측하여 범죄를 단죄하는 시스템에 관한 내용을 다루고 있다.

다. 누가 희생이 되든 사망자에 대한 책임은 누구에게 있는가? 이와 같이 인공지능의 개발과 함께 그 책임에 관한 논의는 계속 이루어질 것으로 보인다.

세 번째 지침인 투명성은 인공지능이 무슨 일을 하고 있는지를 알아야 한다는 것이다. 2017년 7월, 페이스북의 이용자 응대용 인공지능이 자신들끼리만 알아볼 수 있는 언어로 대화를 나누기 시작하여 페이스북 측이 시스템을 강제로 종료한 사실이 보도된 바 있다. 이는 인공지능이 자신들만의 소통법을 만들어낸 것이다. 이 소식을 접한 많은 사람들은 인공지능이 위험할 수도 있다고 생각하였고, 페이스북은 인공지능이 영어 문장구조로만 대화를 하도록 제한을 가했다. 이와 같은 인공지능의 예측 불가능성은 인간에게 불안감을 준다. 레이 커즈와일의 말처럼 인공지능이 인간을 능가하게 되었을 때 인간의 감시가 부족하다면 인공지능은 인간으로서는 예측할 수 없는 일을 하게 될 것이다. 따라서 인공지능에게 더 많은 의사결정을 위임하고 있는 현재, 인공지능의 의사결정에 대한 투명성이 보장되어야 한다.

네 번째 지침인 교육은 인공지능 발전 과정에서 잘못된 오용을 방지하고 인공지능이 의사결정을 내리는 과정에서 사람들의 이해의 판단, 설득 과정이 가능해야 한다는 것이다.

이와 같은 인공지능의 윤리지침이 필요한 이유는 결국 인공지능에 대한 사람들의 불안과 불신에서 비롯된다. 윤리지침을 통하여 불필요한 두려움을 극복함으로써 인류의 안전은 물론 복지에 큰 기여를 할 수 있는 인공지능의 발전을 이룰 수 있게 될 것이다.

하지만 인공지능을 만드는 것은 결국 사람이라는 것을 잊으면 안 된다. 인공지능은 개발자의 윤리를 가장 잘 따를 것이고, 개발자가 전쟁, 살인 등과 같은 비윤리적인 목적으로 인공지능을 만들게 되면 그 피해는 엄청나게 될 것이다. 레이 커즈와일은 인공지능의 위험을 제거할 수 있는 대안은 인류 스스로 도덕적이고 윤리적인 사회를 건설하는 것이라고 말한다. 또한 그는 미래에 있을지도 모르는 파괴적인 갈등을 파할 수 있는 최선의 방법은 폭력을 감소시켜왔던 우리 사회적 이상을 계속 진보시키는 것이 인공지능을 안전하게 관리할 수 있는 방법이라고 주장했다.

따라서 인공지능에게도 윤리적 지침을 마련하고, 사람들도 폭력적인 문화를 감소시키면서 인공지능과 사람과의 상호신뢰를 만들어야 할 것이다.

인공지능이 할 수 없는 인간의 영역

- 도덕적 감정
- 여가의 활용

인공지능이 발전하게 되면, 여러 분야에서 인간은 일자리를 잃게 될 것이다. 인공지능, 로봇이 할 수 있는 영역에서 경쟁을 하면 사람이 지게 되는 것은 당연하다. 언론인이자 연구가인 구본권은 인공지능이 할 수 없는 인간만이 할 수 있는 영역이 무엇인지를 고민해야 하며, 인공지능과 로봇이 번거로운 일을 해 주는 동안 사람들은 무엇을 할 지를 생각해야 한다고 말한다.

우선 그는 인간만의 영역으로 '도덕적 감정'을 말한다. 만약 가족 중에 한 명이 식물인간이 되어 병원에 누워 있다고 가정해 보자. 인공지능은 분명히 안락사 하는 것이 효율적이라고 판단할 것이다. 그렇다면 인공지능의 판단에 따라 안락사를 하는 것이 옳은가에 대한 결정은 가족이나 의사가 해야 한다는 것이다.

법률적으로도 마찬가지이다. 미국 뉴욕시의 시장으로서 마파아와의 전쟁을 통해 뉴욕시를 범죄에서 해방시켰던 피오렐로 라과디아(Fiorello Henry La Guardia, 1882 ~ 1947)의 판사 시절의 예를 들어 보자.

1930년대 미국 뉴욕의 한 가정법원에 경찰관이 한 노인을 끌고 왔다. 그는 상점에서 빵 한 덩어리를 훔친 절도죄로 붙잡혀 온 것. "선량한 시민으로 열심히 살았다. 그러나 나이가 많다는 이유로 일자리를 얻을 수 없었다. 사흘을 굶자 배고픔을 참지 못해 나도 모르게 빵 한 덩어리를 훔쳤다."는 노인의 딱한 사정을 들은 라과디아 판사는 판결을 내렸다.

"아무리 사정이 딱하다고 하나 남의 것을 훔치는 것은 잘못이다. 10달러의 벌금형을 선고한다. 그러나 이 노인이 빵을 훔친 것은 노인만의 책임이 아니다. 이 도시에 사는 우리 모두에게 책임이 있다. 나는 나에게도 10달러의 벌금형을, 이 법정에 있는 시민들에게도 50센트의 벌금형을 선고한다."

이렇게 거둬진 돈은 57달러 50센트, 판사는 노인에게 그 돈을 주었고 노인은 벌금 10달러를 내고 남은 돈을 쥐고 눈물을 글썽거리며 법정을 떠났다.

원래의 법이라면 이 노인은 큰 벌금을 내거나 형을 살아야 한다. 하지

라과디아는 판사 시절에 공정하면서도 어려운 사람들에게 우호적인 판결을 많이 내려 명재판관으로 명성을 날렸다.

만 과라디아는 법대로가 아닌 인간적인 판결을 내렸고, 방청객들은 모두 이 판결에 동의했다. 인공지능이라면 이러한 판결을 했을까?

다음으로 인공지능과 로봇이 번거로운 일을 해주는 동안 나는 무엇을 할까에 대한 질문은 여가를 어떻게 활용할 것인가로 생각해 볼 수 있다. 인공지능과 로봇의 발전은 인간이 매슬로우가 말한 인간의 욕구 단계 중 상위 단계의 욕구를 해결할 수 있도록 도와줄 것이다. 즉, 사람들은 소중한 가족이나 친구와의 시간을 많이 보내고, 어려운 사람을 도와 주는 시간을 많이 보낼 수 있게 될 것이다.

02 제4차 산업혁명과 인본주의

인문학의 중요성

- 생명에 대한 정의, 인간과 자연의 이해,
  인간적인 삶에 대한 해답을 제공
- 인간적인 삶에 대하여 대화를 나누고
  이를 행동할 수 있는 커뮤니티 형성

클라우드 슈밥 세계경제포럼 회장은 2016년 10월 '2016국제법률심포지엄'에서 "제4차 산업혁명은 우리의 정체성, 우리가 누구인가를 바꿔놓는다. 지난 산업혁명이 일을 쉽게 잘 할 수 있도록 도왔다면, 제4차 산업혁명은 인간의 본질과 사고방식, 인간 관계를 바꾸고 있다."라고 말했다.

기술의 발전은 인간이 가지고 있는 능력을 보다 더 잘 발휘할 수 있도록 발전해 왔는데, 이제는 인간 고유의 능력으로 생각되었던 합리적인 판단과 배움의 영역에 인공지능이 들어오게 되었다. 이제 사람들은 정체성에 혼란을 느끼게 되었다.

오늘날 그 위상이 많이 줄어들기는 하였지만 인문학은 세상을 바라보는 틀을 공급해왔다. 부단한 자기 성찰을 통한 인격의 완성, 그리고 인류 사회의 모순을 해결하고 문명 간의 대립을 해소함으로써 인류의 존속을 확보할 수 있는 토양은 인문학에서 비롯된다.

하지만 우리나라에서 인문학은 그 위상이 높지 않다. 2000년대 초반부터 언급되어 온 '인문학의 위기'라는 말이 아직도 유효하다. 자동화·효율화·최적화 시대에 살고 있는 지금 우리는 더 많은 엔지니어와 프로그래머를 원하지 순수 학문을 한 사람들을 필요로 하지는 않고 있다. 최근까지도 인문학 등 순수 학문의 학과 인원을 줄이려는 국가 정책이 이를 보여 주고 있다.

오늘날 우리는 스스로 생각하는 힘이 점점 약해지는 시대를 살고 있으며, 앞으로는 인간에 대한 정체성에 혼돈이 오는 시대를 맞이할 것이다. 이럴 때일수록 우리에게 인문학은 더욱 필요하다. 인류가 역사 시대를 겪으면서 나는 누구인지, 각 사회 환경 속에서 어떠한 고민들을 해 왔는지를 배울 수 있는 것이 인문학이다. 인문학은 지혜를 알려준다. 제4차 산업혁명 시대를 맞이하여 우리에게 더욱 필요한 사람은 '지식인'이 아니라 '지성인'이다.

종교의 역할

- 생명에 대한 정의, 인간과 자연의 이해, 인간적인 삶에 대한 해답을 제공
- 인간적인 삶에 대하여 대화를 나누고 이를 행동할 수 있는 커뮤니티 형성

제4차 산업혁명은 종교계에도 큰 변화를 요구할 것으로 예상된다. 인간과 로봇이 공존하고 여가가 늘어나는 새로운 시대에서, 사람들은 새로운 의문을 가지게 될 것이고, 여가 시간에 사람들과 모여서 활동을 하게 될 커뮤니티를 원하게 될 것이다.

우선 사람들은 생명에 대한 정의, 인간과 자연의 이해, 인간적인 삶에 대한 질문을 수없이 하게 될 것이다. 생각하고, 말하고, 판단하고, 창의적인 작업을 하는 로봇을 또 다른 생명체로 볼 수 있는가? 인간은 왜 존

종교는 인간적인 삶에 대한 해답을 제시하고 인간적인 활동을 할 수 있는 장(場)을 열어주어야 한다.

엄한가? 환경문제가 심각해지는 지금 인간과 자연은 어떠한 관계 속에서 공존해야 하는가? 계속 늘어나게 된다면 긴 수명을 누리는 우리는 어떻게 살아야 하는가? 이러한 질문에 대한 해답을 종교계는 제시할 수 있어야 한다.

또한 종교계는 사람들이 함께 모여서 생각을 교류하고 활동을 할 수 있는 커뮤니티를 형성해야 한다. 전 세계적으로 시간이 지날수록 젊은 이층이 종교에서 멀어지고 있는 것이 현실이다. 이들에게 인간 간의 관계가 무엇이고, 같이 '인간적인' 삶에 대한 이야기를 나누며, 인간의 상위 단계의 욕구 해결이 얼마나 행복한지를 종교 커뮤니티를 통하여 알려줄 수 있어야 한다.

인본주의 정책

- 제4차 산업혁명은 인본주의와 민주주의의 발전을 위하여 이루어져 함
- 기술과 자본 축적이 아닌 인간을 위한 진화의 방향으로 나아가야 함

인본주의란 세상에서 가장 중요한 것이 인간 존재와 인류 사회의 존엄을 중시하는 철학적 믿음이다. 제4차 산업 혁명시대의 정책은 이전보다 인간을 중심으로 한 인본주의와 민주주의의 발전을 위하여 이루어져

독일 나치 정부는 우수한 과학기술을 갖추었지만 인권을 유린하였다.

야 한다.

독일의 경제 정책에 대하여 예를 들어 보자. 독일의 경제 정책은 물질적 경제성장에 집착하지 않는다. 독일은 경제를 통하여 사람들이 물질적 빈곤으로부터 벗어나 개인의 자유를 증진하고, 사회적 평화를 실현해야 한다는 개념을 중심에 두고 있다. 이러한 생각은 독일의 역사에서 비롯된 것이다. 독일은 나치 정권 당시 최고의 과학기술력을 갖추었고, 이를 효율적으로 사용하여 유럽을 지배했었다. 하지만 이 시기 독일인들은 평범한 사람들조차 악마로 변화는 것을 보았고, 어떻게 인권을 유린했는지를 경험하였다. 이러한 경험이 제2차 세계대전에서 패배한 후 반성을 낳는 계기가 되었으며, 독일을 인권과 개인의 자유를 최고의 가치로 존중하는 국가로 탈바꿈시켜야 한다는 공동의 목적을 만들어 내었다.

독일 정부는 제4차산업 혁명에 대비하여 일자리 4.0이란 정책보고서를 발간했다. 이 보고서에 따르면 제4차산업 혁명은 '기술과 자본축적을 위한 혁명(revolution)'이 아니라 '인간을 위한 점진적 진화(evolution)'가 돼야 한다고 강조된다.

우리나라는 제4차 산업혁명에 대비하여 기술적인 부분, 일자리 부분에 대한 언급이 주를 이루고 있다. 하지만 그 전에 무엇을 목적으로 기술을 개발시키고, 정책을 추진해야 하는지를 깊이 생각해 보아야 한다.